マンガ
# 超カンタン 癒しの手

2日で〝気〟が出る「レイキ」活用法

望月俊孝 著
Mochizuki Toshitaka

金子美由起 画
Kaneko Miyuki

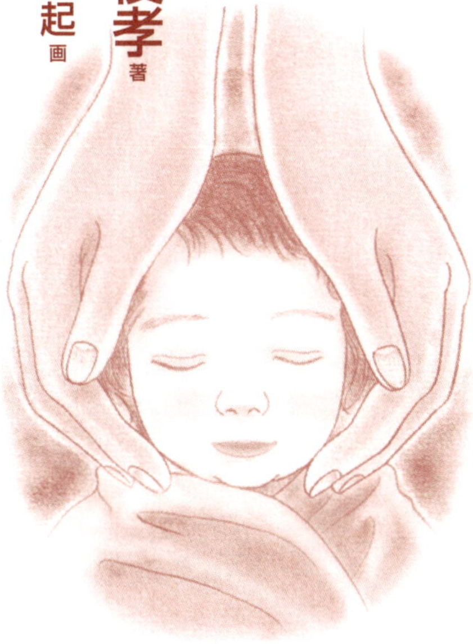

たま出版

# はじめに

**「能力開発。自己啓発。いくつかの健康法を学び、試したけれど…。今、身に付いているのは…」**
**「『これは凄い！』というテクニックにも出会いました。でも、忙しくてなかなか続けられない」**
**「もっと才能があれば、違った人生になっていたのに…」**

**あなたはそのような経験をしたことはありませんか？　私にはその残念な思いがよくわかります。なぜなら、**

**私も同じ悩みを持っていました。レイキに出会う8年前までは…。**

レイキとは何でしょう？

アメリカ・ドイツ・イギリス・オーストラリアなどを中心に世界中をわずか30数年で席捲した日本発祥の健康法であり、能力開発、人間性開発等、幅広く活用できるヒーリングのテクニックです。

なぜか、発祥の地、日本ではまだそれ程、有名ではありませんが、**世界中で推定500〜700万人という驚異的な数の実践者が活躍している最も人氣の高い癒しの技法**です。

日本よりも海外で広がっているその理由は本文に譲るとして、どうして世界中で、最も人氣があり、それも短期間に急速に普及しているかと言うと、

**1）誰でも簡単に身に付けられる（才能や資質に左右されません）**
**2）効果が実感でき、人生を大きく変える宇宙エネルギーの活用法である**
**3）継続が簡単であり、誰でも手軽に続けられる**
**4）それでいて研究・実践を重ねれば重ねる程、それに応えてくれる奥深さを併せ持っているテクニックである**

以上の理由からです。このレイキの魅力に私が出会うことができたのは23年前。

中学時代から40年間、能力開発、イメージ・トレーニング、成功哲学等に興味を持ち、大学時代を除き、常に関連書を携える生活を続け、寸暇を惜しんで楽しみながら研究に没頭してきました。

遂に趣味が嵩じて本業となり、32年前、27歳の時に、能力開発のセミナー会社に入社。個人としても多い時で年間250回程度の講演を行なってきました。講演の内容は多岐に渡り、リラックス法、呼吸法、イメージ法、記憶力・集中力向上、創造性開発、心理学セミナー、願望達成法等々。その後、35歳の時には、1年間、新しいセミナー会社を立ち上げ、主にアメリカから毎月2、3名の一流どころの講師を招いて30名から1,000名規模のイベントを毎週開催していました。この間、20年余り、幸運にも素晴らしい先生方と交流すると共に、世界中の素晴らしい手法と出会い、研究することができました。

中学時代から指導者について実際に取り組んだ（本を読んで模倣したというレベルではなく）代表的な手法を数え上げると、主なものだけをリストアップしただけでもいつしか実に37種類になっていました。一部の方々からは「精神世界の生き字引」と呼ばれたこともありました。また、書籍・テープ・ビデオ等の個人の収集家としては、これらの分野に限っては日本でも10本の指に入るのではないでしょうか？

少しでも時間とお金にゆとりがあれば、すぐに研究につぎ込むのが私の性格ですから…。今日もたくさんの能力開発・自己啓発・人間性開発・ヒーリングの情報が全国の会員様から手元に届けられています。

以上、自慢することが目的ではありません。多くの手法を体験したからと言って素晴らしいということでもありません。**肝腎なことはどれだけ実践でき、日常生活に生かして幸せな人生を歩んでいるかにあるでしょう**。ただ、ありとあらゆる手法を体験し、その長短・

特徴をつぶさに見てきたという点では稀有な体験をしてきました。それが私の仕事の重要な部分ですし、楽しくてしかたがないことでしたから…。

でもここまで研究に費やしてきたのは、研究が楽しかったからだけではなく、ご縁のある方々と感動を分かち合い、お伝えするのも私にとっての喜びだったからです。私のように専門に研究することが許される人間なら、相当な時間を費やしてもかまいません。しかし多くの人は仕事も家庭もあり、時間とお金にも大きな制限があります。そんな方々であっても、やる氣さえあれば誰でも実践でき、しかもできるだけ効率的に本質を理解し、幸せになる方法はないだろうか？　そんな方法があったら是非とも出会いたいし、多くの皆様にお伝えしたいという願いが根底にありました。

遂に私の願いが叶う時がきました。いろいろ研究の末、38番目に出会った――それがレイキでした。実際に受けるまではまさかその**たった２日間のセミナーが人生のターニング・ポイント（転換点）になるとは思いもよりませんでした**。そしてレイキがその「10大特徴（p.125)」にもあるように、今まで学び、体験し、実践してきた数々の経験からすると、びっくりするような特徴を備えていることがわかりました。今までの概念を全く覆すような…。

そして私の人生を根底から変えてしまう力がありました。それは私だけに限らず、レイキに触れる人々の人生を、そして世界中の数百万人の人生を今日も変え続けています。幸せで健康で生き生きと情熱的に、そして精神的にも成長し、豊かな人生に…。

このような素晴らしい手法ですから、是非皆様にご紹介したいということで、日本人として初めて（一般に求められる形で）レイキについて本格的に記した**「癒しの手」（たま出版）**を21年前（1995年10月）に上梓させて頂きました。お蔭様でレイキの素晴らしさが評判を呼び、無名の私でしたが、版を重ねること16刷となり、今もロングセラーを続け、海外でも出版されるようになりました。そして、日本でも徐々にレイキが注目を浴びるようになり、**卒業生も2016年9月末現在で43,254名**を数えるまでになりました。

日本では普及が端緒についたばかりですが、多分これから5年～10年の間にレイキ人口が加速度的に増えて行くでしょう。丁度、欧米を後追いするように…。そしてかつて戦前の日本で広く影響を与えた（一説では日本だけで100万人以上とされています）ように…。そんなレイキの魅力を新たな情報を付け加えながら、お伝えしていきたいと思います。

さて、今まで私が学んできた30余りの手法ですが、どれも素晴らしいものでした。学ぶ価値がありました。しかし、私のように興味があちこちに移り変わってしまう人間にとっては、少し問題がありました。完全な習得と何年にも及ぶ継続、能力維持は至難の技でした。長い時間をかけて一つのことをじっくりと練習していった結果、身に付け、その能力を維持し続けていくというのはとても大切なことです。しかし、私には性格上できませんでした。毎日数十分かかることを一生かけてコツコツとやっていくことが私にできていたならば、どの道に進んでもよかったと思います。登り口がどこであっても極めれば必ず頂上に行きつくのですから…。

でも私が知る限り、制約が少なく、誰でも効果が上がり易く、しかも能力を維持しやすい、レイキが私には合っていたのです。ですからあなたが今取り組まれている手法が楽しく、手応えがあり、継続することが大変でなければそれを続けていかれるのがよろしいかと思います。それがあなたに合っているのだと思いますし、あなたにとって自然な道でしょう。**でもそこまでの手法には出会っていないとしたら、レイキも候補の一つに上げてみてはいかがでしょうか？**

前著「癒しの手」に続き心の世界の良書を多数出版されているたま出版から本書も出版でき嬉しく思います。また金子美由起様にはご熱心にレイキをご体験頂き、取材を重ねて頂いた上、瑞瑞《みずみず》しい素晴らしい感性で見事な漫画・イラストでレイキの世界を表現頂きました。心より感謝申し上げます。

本書は、前半第１章から第３章まではその金子様による漫画が展開され、後半第４章、第５章は望月が執筆致しました。

それではあなたを、レイキの素晴らしい世界へとご案内致しましょう。

# 目　次

# 第1章　レイキの歴史

「この物語は取材した事実を元に構成しております。
但し、歴史上の人物を除き、登場人物は仮名として
おります」

## レイキの10大特徴

①修業・訓練不要。誰でもアチューンメント（エネルギー伝授）を受ければ宇宙エネルギーのチャンネルとなる
②永久に能力が失われない―レイキは一生の財産
③ヒーリング（手を当てて癒す）中に強力な注意集中が不要
④氣を入れたり、抜いたりする必要がない（自動調整）
⑤相手の邪氣（マイナス・エネルギー）を受けにくい。エネルギーを流せば、流すほど、エネルギーに溢れてくる
⑥時間・空間を超えた遠隔ヒーリングができる（セカンド・ディグリー以上）
⑦他のテクニックと無理なく併用でき、相乗効果も期待できる
（氣功、瞑想、ヒーリング、治療法、能力開発、機器等）
⑧レイキは信じなくても、必要に応じてエネルギーが流れる
（信仰不要。いかなる宗教ともレイキは関係ありません）
⑨レイキはあなたが持っている素晴らしい本質を向上させる
⑩効果例、実践例が具体的かつ豊富

いつになったら出来上がるのかしら
お互い仕事が忙しくてあまり会えないから
最近顔色悪いよ。ストレス多いんじゃないか？
レイキやってやるよ 先月、その講座受けたんだ
あ!! いいいいよ!!
私はちゃんとした西洋医学で検査して異常がなかったの
だから大丈夫なの
嫌味くさいなあ
ムッ
出会った頃は“白衣の天使”そのものだったのに凝り固まっちゃって、そういうところがすでに病…
天使で素直で広い心で髪はロングであとはなに?!
バン
義明も患者さんも要求ばかり
バン
もう!! 看護婦なんて嫌…
うっ…
祥子？

いた…
いたい
祥子!!
ピーポーピーポー
県立総合病院
急性の胃炎だって明日から少し自宅療養が必要だって
そのレイキの講座、私も受けてみようかな…
まだ完全に信じたわけじゃないけど信じなくてもいいんでしょう
ねえ義明、さっきみたいに
おでこに手置いてくれる

心の奥まで
しみ通るような…
子供の頃の
私まで
まだ痛む？
祥子
ううん、
もう平氣
お医者さんがね
抜糸まで
あと少し
かかるって
傷が残らない
ように
しっかり
手当て
しようね
ピク
手当て
しようねえ

肇祖《ちょうそ》、臼《う》井《すい》甕《みか》男《お》先生は1865年 8 月岐阜県でお生まれになりました。
先生は長年の研究の結果「宇宙エネルギー」を活用する鍵を見つけたのです
こちらが先生のお写真です
レイキセミナー会場
ある時啓示により京都の鞍馬山に入り
21日間の瞑想と断食を行ないました
ねえなんかきれいなメロディが流れてるわ
決死の覚悟の難行です
日数を数える為21個の石を目の前に積み…

あと
残り一つ。
すでに
20日が過ぎたか…
ヒュン
ムッ、
光った！
スーッ

カッ
シュルシュル
パーッ
おお
なんと美しい

ハッ
ヒュッ
ヒュッ
なんだ？何か、光って見えるぞ！
こ、これは
何を意味しているのだ？これは？
う…
石が光ってる
輝いているが…

そうか！
全身が光の
エネルギーで
溢れているのだ
ビリ
パァーッ
ビリ
ビビ
ぐっ
シュッ
21日目
まさに
満願成就の
朝でした
同様の神秘体験は
空海や黒住宗忠も
体験しています
先生はこの時
「我即宇宙」
「宇宙即我」と
悟られたのです
どういう
意味？
大宇宙と
自分が一体
ということだよ
それでは少し詳しく
先生の生い立ちと
レイキの歴史の
お話をしましょう

臼井先生は
幼少の頃より苦学し
アメリカ・ヨーロッパ・
中国を見聞し
代議士秘書、
新聞記者、
実業家等、
数々の職につき
人生の目的を
探求し続け
そうか……
人生の窮極は
安心立命を
得ることだ
——と
第一の悟りを
開かれたのです
しかし次の
悟りがなかなか
得られないのです
先生、
どうしたら…？
死ね！

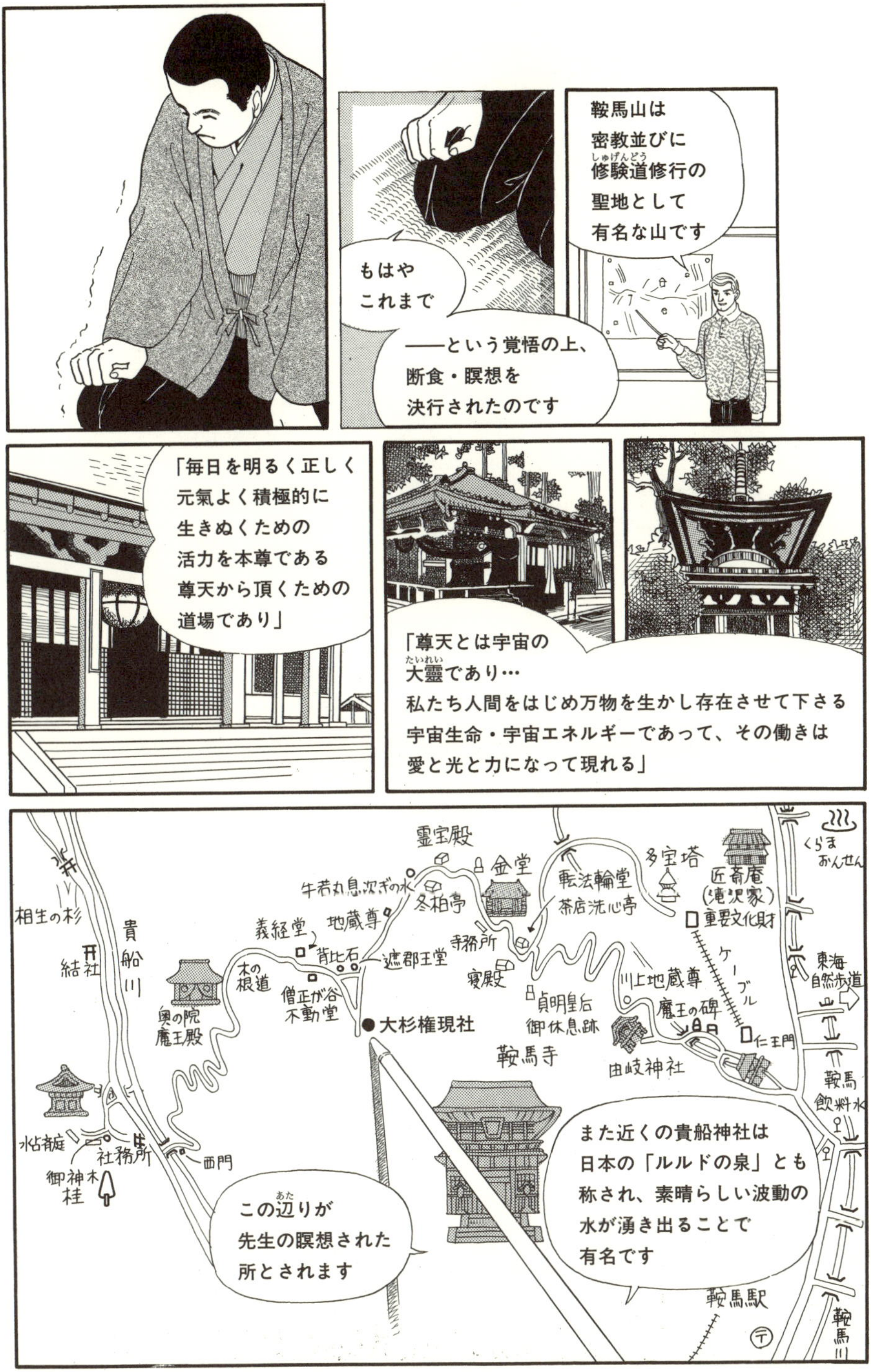
もはや
これまで
——という覚悟の上、
断食・瞑想を
決行されたのです
鞍馬山は
密教並びに
修験道《しゅげんどう》修行の
聖地として
有名な山です
「毎日を明るく正しく
元氣よく積極的に
生きぬくための
活力を本尊である
尊天から頂くための
道場であり」
「尊天とは宇宙の
大靈《たいれい》であり…
私たち人間をはじめ万物を生かし存在させて下さる
宇宙生命・宇宙エネルギーであって、その働きは
愛と光と力になって現れる」
相生の杉
結社
貴船川
奥の院
魔王殿
水占斎庭
社務所
御神木
桂
西門
木の根道
義経堂
背比石
僧正が谷
不動堂
地蔵尊
遮那王堂
牛若丸息次ぎの水
霊宝殿
冬柏亭
金堂
寺務所
寝殿
大杉権現社
転法輪堂
茶店洗心亭
多宝塔
匠斎庵
(滝沢家)
重要文化財
くらま
おんせん
ケーブル
川上地蔵尊
魔王の碑
貞明皇后
御休息跡
鞍馬寺
由岐神社
仁王門
東海
自然歩道
鞍馬
飲料水
鞍馬駅
鞍馬川
この辺《あた》りが
先生の瞑想された
所とされます
また近くの貴船神社は
日本の「ルルドの泉」とも
称され、素晴らしい波動の
水が湧き出ることで
有名です

悟りを開かれ山を降りる途中、先生はつまづき、つま先をケガされたのですが…
ふむ……血は止まり、痛みもなくなった！相当の靈力を得て氣の力が増したのだ
大正11（1922）年４月
今まではこの靈氣を身内だけに施してきたが…
広く世の中に授けて喜びを共有したい。ついては、
学会を設立しようと思うのです
素晴らしいですね。健全な身体と心は皆の望みですから
青山原宿
それではあなたは千葉から？
私は仙台からです
なんと！遠くから

先生ありがとうございます。長年の苦しみが…
本当に素晴らしい“お力”で…
いえいえ、大事にしてください
治療もさることながら…先生の教えがまた素晴らしいのです
そうそうわかりやすく日常にすぐ生かせる
ああ!! 臼井先生だ!!
少し出かけますが、すぐ戻りますので暫くお待ちください
先生！
先生！
ほら定夫、先生よ。治療して頂けば必ずよくなるわよ
うん…

大正12（1923）年
9月関東大震災
先生、おかげ様で
だいぶ
楽になりました
先生、向かいの
被災者会場も
みて下さい
ダダダッ
先生早く…
助けて
下さい
うーー
あ〜
う〜ん
うーむ、一人では
らちがあかない
私と同じような
力を、身につけ
させることは
出来ないものか

先生の熱烈な思いは
天をも動かす。
インスピレーションで
与えられたのが、
靈授
（アチューンメント）
である
先生の性格は
温厚で慎み深く、
うわべを飾らず
身体は大きく、
がっしり
としていて
常に微笑を
含んでいた
しかし
ことに当たる時は
意思が強固で、
忍耐し、きわめて
用意周到であった
非常に多才で、読書を好み、
歴史や伝記、医学・仏教や、
キリスト教典、心理学、
神仙の術、呪術・易学、
人相学に到るまで
すべて熟知されていた
このご研究が修養練磨の基礎となり、
靈氣療法の確立へと導かれました。ところで皆さん靈氣の目的は病氣を癒すことだけでは
ありません
心を正しくし、身体を健康にして、
人生の幸福を味わい
楽しむところにあります

そこで先生はまず
明治天皇の御製
(和歌)を詠し、「五戒」
とも呼ばれる
「招福の秘法・
萬病の靈薬」を唱え
るよう勧めました
五戒
今日だけは
1)怒るな
2)心配するな
3)感謝せよ
4)仕事に励め
5)人に親切であれ
これが
現代版。
とても
わかりやすい
ですね。
常日頃、心掛け
ましょう
招福の秘法
萬病の靈薬
今日丈けは 怒るな
心配すな 感謝して
業をはげめ 人に親切に
朝夕合掌して心に念じ
口に唱へよ
心身改善 臼井靈氣療法
肇祖
臼井甕男
あさみどり
すみわたりたる
大空の
広きををのが
心ともがな
門下生は
二千余人に達し
地方から
招聘されることも
多かった
ところで、臼井先生は
お亡くなりになる2ヶ月前に
19名の師範(ティーチャー)を
養成された。その門下生の
一人は元海軍大佐だったが、
東京信濃町で治療院を
開いていた

継承者のお一人林忠次郎先生
一方1935年に林先生の治療を受けることになるハワヨ高田先生は日本人を両親にもつハワイ生まれで
余命いくばくもないと診断された女史は治療の為、日本に帰国した
お父様、お母様妹と主人亡き今、私にもしもの時は子供たちを頼みます
うっうっ…お前まで、病氣に…
どうしました高田さん、手術台にまであがっていながらやめたいとは？
申し訳ありません、手術以外に助かる方法はありませんか？
不思議なのですが、「手術以外に方法がある」急にそんな氣がしたのです!!
……

——という訳なのです 林先生、彼女を診てあげて下さい
肺・心臓、胃・胆のうを患っています
全力を尽くしましょう!
お願い致します、先生
当時、林先生の治療院は 8台の診察台があり 16人の治療家がいた
2人1組で治療に当たった
ホワ…
先生…手を見せて頂けますか?
は?
いえ、あまりあたたかいので何か…電氣でも使っているのかと
アハハハ…何も使っていませんよ
ハハハハ

靈氣を受けはじめてから8ヶ月
う〜ん。異常が全く見当たらないな。
よかったですね。全快です！おめでとう。
バタバタ
先生！林先生！
それはよかった。よく頑張りましたね。
本当にありがとうございました。先生のお蔭です。

先生、私に靈氣を伝授願います
病んでいる人々を助けて、私と同じ喜びを分かち合いたいのです
1937年ハワイ
生きて再びこの景色を見ることができるなんて
高田先生は身につけたレイキで、ハワイの人々を多数癒した
1937年10月～翌２月
林先生をハワイに招かれレイキマスターとなった高田先生は
1976年頃まで指導者を養成されなかった
その為ティーチャーは孫のフィリス・フルモト女史をはじめ、22名養成するに留まった
30代半ばの命といわれた高田先生は80歳まで生き、1980年に天命をまっとうした

それが僅か20年程で
世界中に広まり、
靈氣は
REIKIとなったのです
ロシア
イギリス
ドイツ
フランス
スペイン
中国
インド
オーストラリア
ハワイ
アメリカ
カナダ
ブラジル
特にアメリカ・カナダ
ドイツ・フランス
イタリア・スペイン
イギリス・中南米・インド
オーストラリア等々
その数300万人
以上と言われ、
東洋の神秘として
今も加速を加え、
広まっています

また海外での
レイキ関連書物は
現在100冊
近くとなり
Reiki Plus
Professional Practitioner's Manual
for
Second Degree
Reiki
REIKI
REIKI
HANDS THAT HEAL
REIKI
A
TORCH
IN
DAYLIGHT
Abundance
Through
Reiki
Reiki
For First Aid
The
Radiance Technique
and AIDS
Rainbow
Reiki
OF
REIKI
Reiki
UNIVERSAL LIFE ENERGY
レイキ・セッション（施術中）の
音楽としてCDも20枚を
数える程、発行されています

今流れてる、この曲もそうなのね
きれいなメロディー、安らぎを感じる
知らなかった。霊氣とレイキにそんな歴史があったなんて
日本では海外から逆輸入されて、この7、8年注目を浴びてるんだ
世界に普及してるレイキなのに、発祥地、日本では知名度がまだ低いんだね
アチューンメントを受けられるなんて
なんだかワクワクする
だからオレが毎日レイキをやってやるって
私はアチューンメントを受けたいの
なんだ…。つまらないなあ

# 第2章
# レイキを身に付ける

それではいよいよレイキの実践です。レイキには4つの段階(ディグリー)があり
本日(初日)はファースト・ディグリー、主に肉体のヒーリングになります
キョロ
キョロ
明日はセカンド・ディグリー、その上にサード・ディグリー、ティーチャーズ・ディグリーがあります
どんな人たちが来てるのか不安だったけど、年齢も性別も色々ね
よいしょ
30人位だね。先生が10人位だ。
あ！ 妊婦さんもいるよ
しっ！ 静かにしなさい
わーん
親子連れもいる…
今日は4回のアチューンメント(エネルギー伝授)が行なわれます
1回10分程ですので、各個人合計40分受けることになり、充分に時間をかけて行なっています
アチューンメントはラジオのチューニングと似ています
宇宙エネルギーに波長を合わせられるようになります
受け手
高次元の意識
レイキティーチャー

アチューンメントによって多くの方がエネルギーを感じます。仮に感じられなくてもレイキが存在しないということではありません
人間の五感で検知できる範囲はごく一部でしかありません。例えば犬の嗅覚は人の100万倍、象の聴覚は数万倍と言われます

アチューンメントが終了した時点で誰でもレイキのエネルギーを受けとり、流せるようになります
受け手は聖者や長年修行した人でなくても能力が開くのです。
それが世界中で300万人の人々が実践している秘密です
もちろんある程度準備ができていなければ、レイキにも、その情報にも出会うことはなかったでしょう

## レイキの4つの段階（ディグリー）

| ディグリー | 標準指導時間 | 主な内容 |
|---|---|---|
| ファースト・ディグリー | 7時間 | 肉体のヒーリング、レイキ・マラソン、基本ハンドポジション、4回のアチューンメント |
| セカンド・ディグリー | 7時間 | 感情・精神のヒーリング、パワー･アップ、遠隔ヒーリング、3回のアチューンメント、シンボル＆マントラ各3伝授 |
| サード・ディグリー | 7時間 | 魂のヒーリング、ハイヤー・セルフと繋がる、3回のアチューンメント、マスター・シンボル＆マントラ伝授 |
| ティーチャーズ・ディグリー | 7時間～ | 指導者養成コース |

アチューンメントの順番が廻ってきた方は準備して下さい
祥子、次だろ。3番目
義明は4番目ね
緊張してる？
いいえ、ちっとも
キリ
キリ
キリ
うっ胃が痛い…。まだ治ってないんだ
受ける前にまず手を洗って下さい
金属類や体をしめつけるものをはずします
椅子に楽に腰掛け、両足のかかとをつけます
私が担当させて頂きます。よろしく
つま先をまっすぐにして両足は軽く開き、平行になるようにします
アチューンメント中は目を閉じます
途中で合掌をして頂きますが、肩や手の力は抜いて下さい

何だろう。
先生は一人のはずなのに…
何人もが触れてる感じ…
残っている方は他者ヒーリング（施術）を行ないます
お近くの方とペアになって下さい 最初は同性同士がよいでしょう
準備の説明はあくまでも理想ですので、できる範囲で結構です
手を洗う、金属類をはずす等はアチューンメントと一緒です
受け手（ヒーリー）は横になるか座り、楽な姿勢を取って下さい

祥子！どうだった？
手をこういう風にしてみて義明
？
とっても氣持ちよかった！
10分でポカポカになっちゃった！レイキってスゴイね。
セッション、一緒に組みませんか？
受け手には事前に「我慢は一切不要」と伝えて下さい
中断しても大丈夫です お互いリラックスしている時が一番効果的です
原則として合掌をしてレイキを始めます
相手のエネルギーの場を調整します 背後に回り、体表を覆うエネルギーフィールド（オーラ）を頭上から足元へゆっくり3回撫で降ろし、流れを整えます

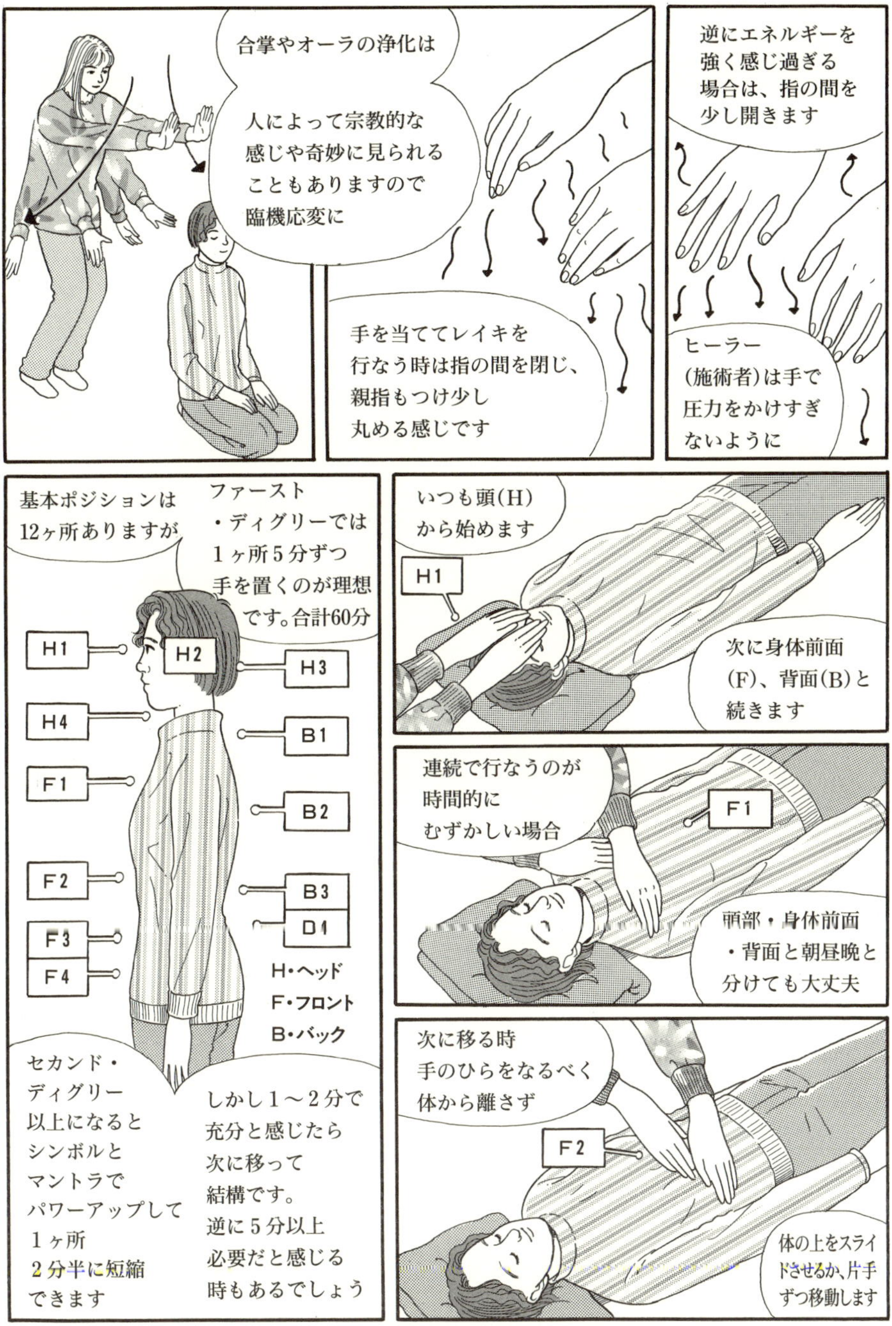
合掌やオーラの浄化は
人によって宗教的な
感じや奇妙に見られる
こともありますので
臨機応変に
手を当ててレイキを
行なう時は指の間を閉じ、
親指もつけ少し
丸める感じです
逆にエネルギーを
強く感じ過ぎる
場合は、指の間を
少し開きます
ヒーラー
(施術者)は手で
圧力をかけすぎ
ないように
基本ポジションは
12ヶ所ありますが
ファースト
・ディグリーでは
1ヶ所5分ずつ
手を置くのが理想
です。合計60分
H1
H2
H3
H4
B1
F1
B2
F2
B3
F3
D4
F4
H・ヘッド
F・フロント
B・バック
セカンド・
ディグリー
以上になると
シンボルと
マントラで
パワーアップして
1ヶ所
2分半に短縮
できます
しかし1～2分で
充分と感じたら
次に移って
結構です。
逆に5分以上
必要だと感じる
時もあるでしょう
いつも頭(H)
から始めます
H1
次に身体前面
(F)、背面(B)と
続きます
連続で行なうのが
時間的に
むずかしい場合
F1
頭部・身体前面
・背面と朝昼晩と
分けても大丈夫
次に移る時
手のひらをなるべく
体から離さず
F2
体の上をスライ
ドさせるか、片手
ずつ移動します

顔にはティッシュや布等を置いて行なっても結構ですが
承諾を得られれば直接手を触れて下さい
F4
手を触れることが出来ない部分は
その人の手の上から、冬場は薄い毛布の上からでも大丈夫です
またヤケド、皮膚炎等は手をかざすだけでも結構です（患部より5㎝以内）
5Cm
すごい私の手。熱い!!
髙橋先生、僕の手あまり暖かくならないのですが、大丈夫でしょうか？
手が暖かくならなくても心配しないで下さい
レイキは受け手の必要な度合いに応じて、自動的にエネルギーを加減・調整するので
お互い力むことなく自然な状態で行なえます
やってはいけない時がありますか?
どんな状態で使われても全く安全ですが、医療の代行にはなりません
どうしたらレイキを強く出すことができますか？
レイキは宇宙エネルギーを受け入れ、自然に流すチャンネル(回路)になることが重要です。
従ってエネルギーを意識的に操作するテクニックではありません

セッションの終わりにも
エネルギーの場を整えます。
背後に回り、
腰から頭にかけて強めに
１回払い上げます
合掌をし、
お辞儀をして
終わります
理想として
セッションは
最初は３〜４日
続けて行ないます
その後続けたい場合、
週２〜３回が理想です
ふうっ
……
あのう
……
どうでした?
レイキ、
流れてた
でしょうか?
ありがとう
ございます
暖かくて…
心まで
うるおった
カンジ
とても氣持ち
良かったです
本当ですか?
よかった!
うれしい
人に行なう時、
時間がなければ
短縮ポジションも
あります。
この様に12
ポジションを前後
からはさみます。
どうしても
時間がない時は
2 〜 3 ヶ所でも
いいです
半分の時間で
済みますね

手を当てている体の細胞に感謝しながら語りかけるとさらによいですね
元氣に
働いてくれて
ありがとう
幸いにもレイキは自らにも施せます。医師や薬の力だけに依存してしまっては
人間の無限の能力（生命力）を制限してしまうこともあります
もちろん病氣になったら病院に行くのは必要ですが…
誰もが主治医を持つことはできません。
そこで自らの手で自分や家族の健康管理をしましょう
まず自らを癒す、それがレイキの基本です
それでは受け手とヒーラーは交替して施術の続きを行なって下さい
どう？ 祥子昼休みだけど、食べれる？
軽いものなら大丈夫だと思う
お昼みんなで行きませんか?

私、小川
といいます
(32歳)
リフレクソロジーという英国式の足裏健康法をやっていまして、
その先生にここを紹介されて来ました
西山です(48歳)。会社員です
僕は慢性の坐骨神経痛で、友人に望月先生の本を紹介されて参加しました
自分も先生の本を読んで面白いと思って…
特に健康上問題はないんですが
伊藤といいます(38歳)
高木です 私はちょっと…色々悩みがありまして…
……
……
……
田中です(28歳)。以前、腰痛で通っていた整体の先生にレイキの話を聞きまして

田中君にすすめられて来ました。山本です（25歳）
看護婦です
半信半疑 だったんです でも…
アチューンメント受けたら、今までに感じたことのない心地良さに驚きました。
小川さんのセッションも すごく良かったし
僕も信じられなかった。でも整体の先生に やってもらったら “これはなんだ” って感じて…
昨年ハワイに行ったら ホテルのロビーに “レイキ受けたいかた” って看板が 出てましたよ
新しいもの、外国から来る ものばかりに 目を向け がちだけれど
何と実は日本に 古くからあった のですね
まるで日本の マッサージ みたいですね
まずは自分を 癒しますよね。その後皆さんは どのようにレイキ を活用しますか？
僕は瞑想ですね。より深く入れる そうですから
家族と友人、ペットにも やってみます
私は仕事で お客様に。田中さんは？
えーと、うーん、そうですね

実は整体の
仕事につきたい
と思ってまして。
高校生の時、
母が癌で
亡くなって、
以来身体や心の
健康に興味を
持ちまして、
特に東洋医学
インドの
アーユルベーダ
とかエドガー・
ケイシー
療法とかも?
そうです。
オイルマッサージも
整体も
手が基本かと
いい目標ね。
頑張ってね
開業したら
行くから
教えて下さい
……
義明…
そんな目標
初めて聞いた
スッ
高木さんって
元氣なさそうだけど、
何か
悩んでるの?
うーん…
それがね
失恋した人を
忘れられない
そうなの
うつ病っぽく
なってるのね。
自殺願望
があるんだって
えーっ

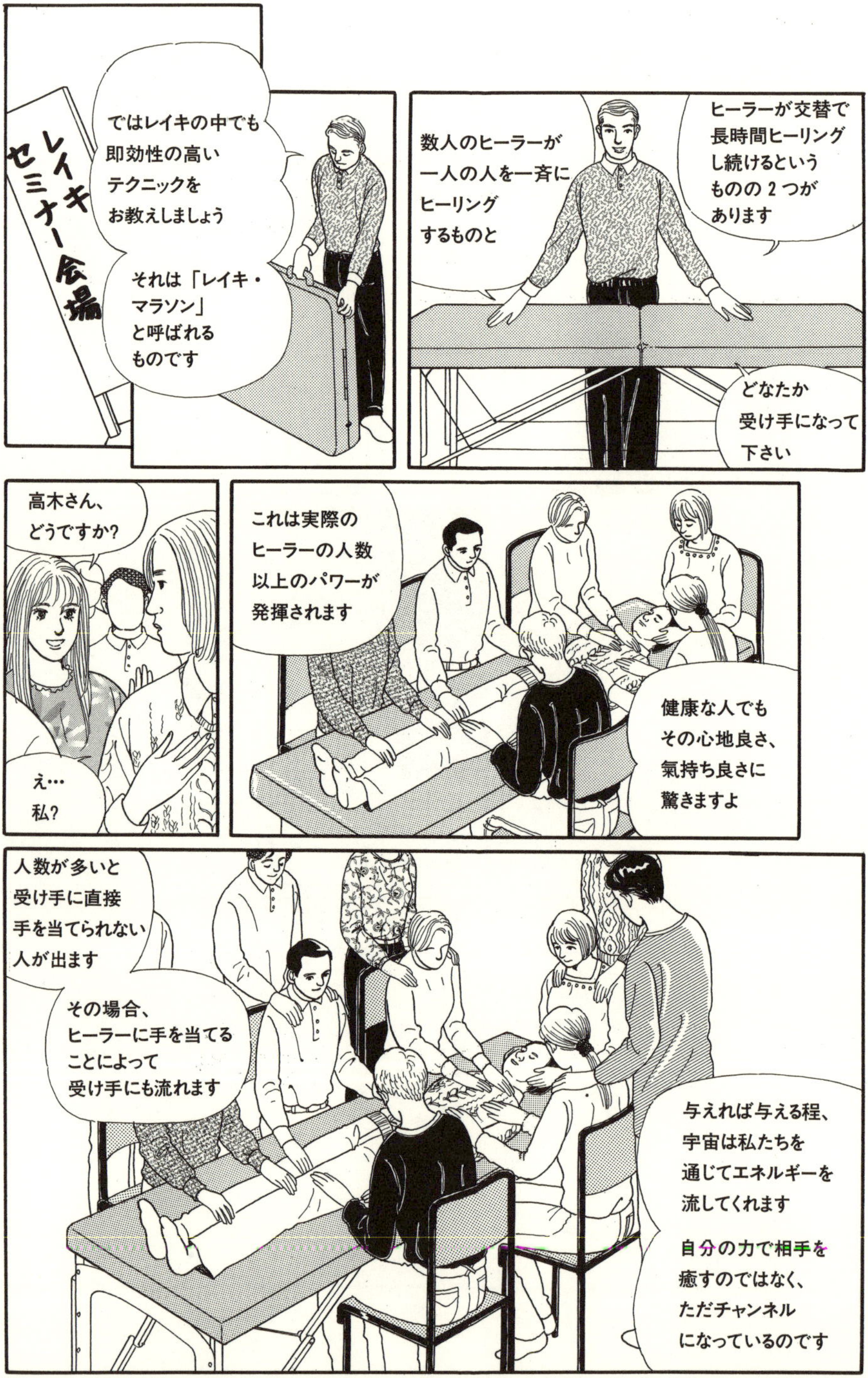
レイキセミナー会場
ではレイキの中でも即効性の高いテクニックをお教えしましょう
それは「レイキ・マラソン」と呼ばれるものです
数人のヒーラーが一人の人を一斉にヒーリングするものと
ヒーラーが交替で長時間ヒーリングし続けるというものの 2 つがあります
どなたか受け手になって下さい
高木さん、どうですか?
え…私?
これは実際のヒーラーの人数以上のパワーが発揮されます
健康な人でもその心地良さ、氣持ち良さに驚きますよ
人数が多いと受け手に直接手を当てられない人が出ます
その場合、ヒーラーに手を当てることによって受け手にも流れます
与えれば与える程、宇宙は私たちを通じてエネルギーを流してくれます
自分の力で相手を癒すのではなく、ただチャンネルになっているのです

だから、
リラックスして
思いやりの
エネルギーを
流して下さい
トローン
ある程度
行なったら、
交替して下さい
祥子、次
やってもらえば
ここでちょっと
テストです
受け手は
うつぶせ状態
で膝を伸ばし
限界まで足を
あげて
下さい
これが
限界です
この高さです。
覚えておいて
下さい
それではレイキ・
マラソンを
続けて下さい
表が終わり
ましたら裏も
同様に
うーん、
氣持ちいい
5 分程たちましたね
終わりに
して下さい
受け手の方は
先程の様に
足をあげて下さい

わっ
先程より…約25cmは高くあがりましたね
個人差はありますが、必ずみんな変化しますよ
後
施術前
でも先生。ヒーリングしながらも、後ろから手を当てて頂くのが最高ですね
皆さんそういいます与えて、受けとる。まさにレイキのチャンネル（通路）になっているんですね
アメリカでは交替で52時間に渡ってエイズや癌の人にレイキ・マラソンを行なった記録があります
実際に癌やエイズの症状が軽減した人が多数出ています
送らなくて本当に大丈夫?
大丈夫。
じゃあまた明日ね
わっ
ヒュ

なんだ、猫か
そうだレイキをやってあげる。えーと動物の場合は…
基本的に人間と同じです。その動物がじっとしてる間は続けてよいでしょう
但し、動いてしまう場合、手をかざすだけで構いません
さて胃薬飲もう
レイキって薬の副作用防止も出来るんだったわ
薬を両手で包み「副作用がなくなれ」と思いながらレイキのエネルギーを送ります
少ししてジトーッとしてきたら、副作用を取ることが成功したとして服用します
そう言えばお母さん、慢性の神経痛だったな…
徐々に悪化してきた慢性的な症状にはレイキは継続的に時間をかけて辛抱強く行なうことが必要です
逆に急性のものには即効性が確認できます（切り傷・打撲・出血・ねんざ・ヤケド等）
義明とつきあってること、親にいつ言おう
でも…なぜ義明は整体師の話、先に私に話さなかったんだろう
……
……
……

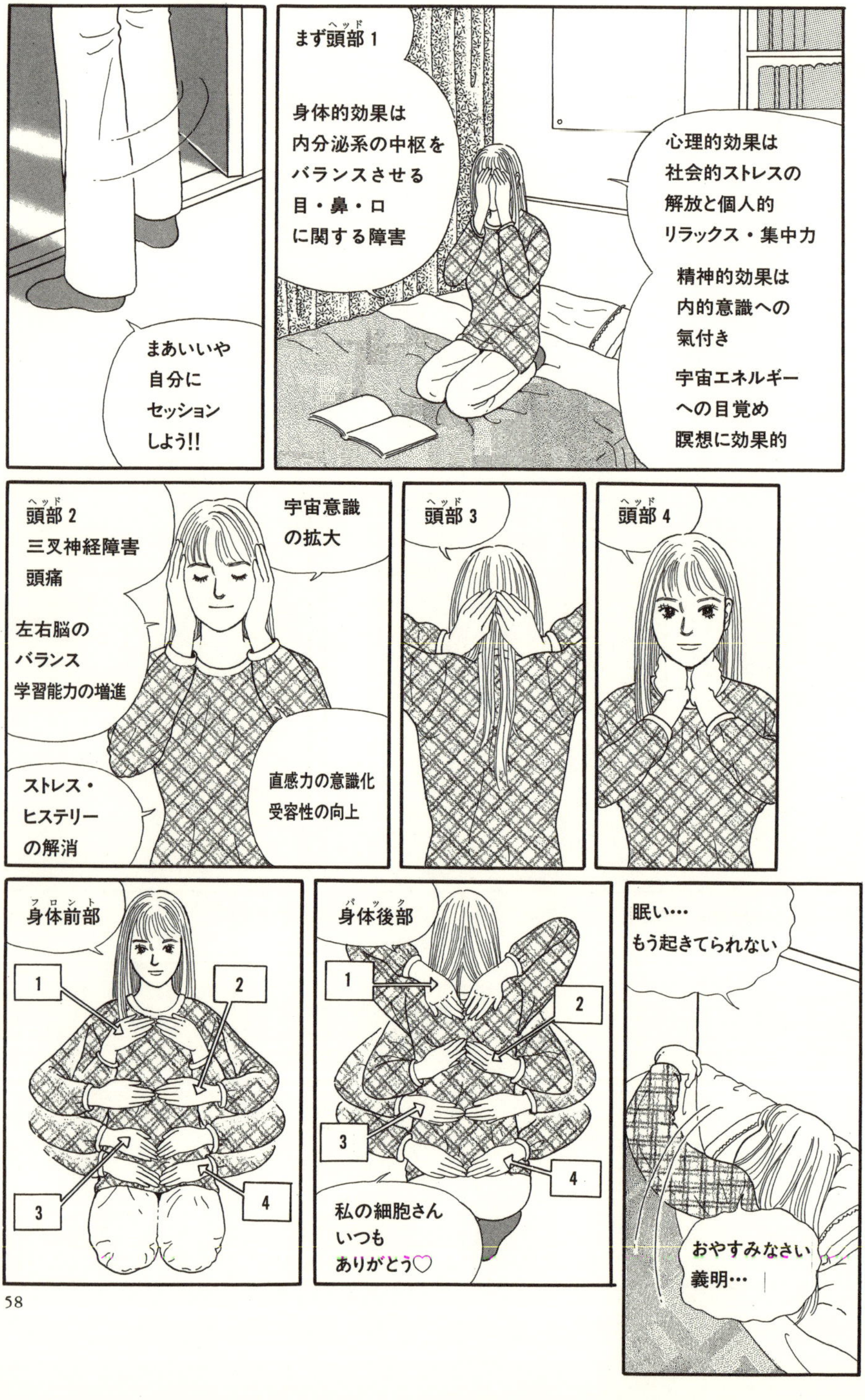
まあいいや
自分に
セッション
しよう!!
まず頭部《ヘッド》1
身体的効果は
内分泌系の中枢を
バランスさせる
目・鼻・口
に関する障害
心理的効果は
社会的ストレスの
解放と個人的
リラックス・集中力
精神的効果は
内的意識への
氣付き
宇宙エネルギー
への目覚め
瞑想に効果的
頭部《ヘッド》2
三叉神経障害
頭痛
宇宙意識
の拡大
左右脳の
バランス
学習能力の増進
ストレス・
ヒステリー
の解消
直感力の意識化
受容性の向上
頭部《ヘッド》3
頭部《ヘッド》4
身体前部《フロント》
1
2
3
4
身体後部《バック》
1
2
3
4
私の細胞さん
いつも
ありがとう♡
眠い･･･
もう起きてられない
おやすみなさい
義明･･･

おはよう
レイキセミナー会場
おはよう ございます
おはよう ございます
どうですか? 調子
おはよう
昨夜はレイキのおかげで、ぐっすり眠れたわ。主人にもやったんだけど…
あなたどう? 疲れとれた?
何か感じる? あなた?
ぐー!っ
ぐー!っ
クスクス
主人ったら、あまりの氣持ち良さに５、６分で寝てしまったのよ
私は低血圧で普通は寝つきも寝起きも悪いんですが
今朝は久しぶりにすごく快適な目覚めでした
皆さん おはよう ございます
今日はセカンド・ディグリーです。ファースト・ディグリーよりもさらに
パワーアップし、応用範囲も広がります
３回のアチューンメントで３つのシンボルとマントラ※が与えられます
※マントラ・真言＝その言葉を唱えると特定のエネルギー・波動を地上に降ろすことが出来るとされる秘密の言葉
これは伝統的に先生から弟子に秘伝として口頭で(文章にしないで)与えられてきたものです
秘伝なので、書面ではシンボルの形やマントラの音はお伝えできません
(本来レイキには４つのシンボルとマントラがあります)

1回目のアチューンメント後
第１シンボルは
ご覧頂けましたか?
なんだか…
不思議な…
図案みたい。
覚えやすいね
第一シンボルは
「パワーアップ・
シンボル」です
何を行なう時でも、
ただこのシンボルを一
定の法則で
使うだけで
ポジティブな
エネルギーを
高めることが
できます
このシンボルの
活用については
制限がありません
仕事に研究に
リラックスに
瞑想に
あなたが望むだけ、
望む分野で
活用できます。
またエネルギーの
浄化にも
活用できます
セカンド・ディグリー
終了後にはほぼ全員が
タバコやビールの味を
変えることぐらいは
簡単にできて
しまいます
物理的な
エネルギーに、
とても強く
働きかけます
ではここで
チェックを
します
どなたか
２人前に出て、
手伝って下さい
女性の方、
指をこの形に
して両脇を
あけて下さい
男性の方は
女性の指を
両手を使って
広げて下さい
女性の方は
広げられないよう
力を入れて下さい
ぐっ
ぐっ
男性は左右
一直線上に
指を引いて
下さい

意外に力
ありますね
ええ
では女性の方、
このタバコを
左手で持って
男性の方、
指を開いて
下さい
あははは
あ!
パカッ
え?!
さっきと同じくらい力を
入れたのに
これは筋肉反射テスト
と言いまして
自分の体に合わない
ものを持つと
今のように簡単に
指が開くのです
では女性の方、そのタバコに
第一シンボルとマントラ
を送って下さい
済みましたら
またテスト
をして下さい
ぐっぐっ
うう…先生
開きません
シンボルとマントラ
によってタバコの
エネルギーが調整された
からですね
ザワ
ザワ
すごい
へええ

2回目のアチューンメント後

さて
第2のシンボルは
ハーモニー・調和を
もたらします
第1シンボル
よりちょっと
不思議な形
心を平安に
導きます
障害を解消し、
悪習を
改善します
第1シンボルと
比べると穏やかな
エネルギーです
このシンボルは
愛と慈悲、
そして月と水を
象徴しています
潜在意識と
直結する
シンボル
でもあり、
精神的・感情的、
慢性的な問題の
ヒーリングにも
効果を及ぼします。
バランスを
調和します

カルマやトラウマもこのシンボルで時間は多少かかりますが、溶かしていくことが出来ます。本人ですら今まで抑えていた(忘れていた)感情が明るみに出て、調和されることがあります
その人本来の性質に戻るきっかけとなります
ただし第2シンボルは単独では使えません。第1シンボルで定着させる必要があります。2つのシンボルがセットになっています
額
後頭部
使い方の例は手をこうします。これをコズミック・プラグと言い、宇宙エネルギーとより深い繋がりを感じられる方法です
ここで第2、第1の順にシンボルを数回繰り返し描き、瞑想します。手が疲れたら、静かにおろして瞑想を続けます
願望成就もこうして目標をイメージしながら
右手
左手
○○整体
第2、第1のシンボルを1セットとして数回送ります。他人の願望には使えません
その他、ノイローゼ・ストレス、物事を消極的・否定的に考える癖を変える
……
やる氣が出ない、落ち込んでいる寂しいイライラ憂うつ・等々…
ドキッ
この第2、第1のシンボルを活用し、望む氣分になるよう宣言します
「やる氣よ高まれ！」
「無限なる活力よ、溢れ出よ」等々です

それでは3回目の
アチューンメントを
行ないます
待っている方は
お近くの方と
ペアワークを
行なって下さい
組みましょう
え？　でも…
同性の方が
義明は…
トイレ？
みんなもう
相手が決まっち
ゃったのね
キョロ
キョロ
あたりさわりの
ない部分だけ
やりましょう
私が先に
ヒーラーやります
遠慮されず、
先に受け手
になって下さい
まあ…
いいか
じゃあ、
頭部から
ビクッ
子供の頃の思い出が
また頭に浮かんだ
ワッ
どうしたの
ケンちゃん
自分で指を
はさんじゃ
ったの
わーん
わーん
ただいま
わーん
わーん
あ！　お父さん
帰ってきた

バン
わーん
わーん
ケンイチ
どうした?!
祥子!!　お前が
泣かせたのか!!
わーん
わーん
バシッ
ゴン
祥ちゃん！
いつもはやさしい
父だった
お父さんは
私より
ケンイチの方が
大事なんだ
あの時
そう思った

それで男性に触れられるのに抵抗があったり素直になれなかったのよね
わかってはいたんだけど
じゃあ後は交替しましょう
父を許しているつもりだったんだけど…
それでは第3のシンボルです。時間・空間を、超越する力をもっています
わっ！ちょっと複雑だわ！でも大丈夫
主に遠隔ヒーリングとカルマの修正等に使われます
これはあなたとどんな物や状況をも繋ぐ掛け橋となります
過去にも未来にも距離を隔てて送ることも出来ます
このシンボルは太陽や光を象徴し
精神面では第2より深い領域に作用するとされています
遠隔ヒーリングやカルマの修正も独りよがりで行なうと、人を操作することにもなりかねません
基本的に相手の承諾を得た上で行ないます。緊急時はその限りではありません
またもめごとや難問があなたの人間関係にあるとしても、このシンボルを使う以外の解決策も同時に実践しましょう
コミュニケーションを深める・感謝する、誤解を解く・謝罪、尊重・相手の意見に耳を傾ける等々
それらをまず行なうか、平行して行ないます

それでは
遠隔ヒーリング
の実習です。
先程ペアになった方とレイキを送ってほしい部分をお互いに確認して下さい
私は脚に
お願い
します
じゃあ
私は…
額に…
最初に受け手に
なる方は
こちらに
送り手は
あちらに
集まって下さい
ヒーラーは、
まず心の中で
相手の名前を
３回唱え
第３、第２、第１の順でシンボルを１回書き、マントラを各３回心の中で唱え
①頭部《ヘッド》　②身体前部《フロント》
③身体後部《バック》
④指定した個所
に送ります
受け手の方は
リラックスして、何
かを感じたら手
をあげて下さい

チラッ
きゃー 皆だいぶ手が 挙がっているのに… 私には力がないのかな
でもみんなと同じでアチューンメント受けたし…
ピクッ
そうだ!! 思い出した ケガした時のつづき…
届いた
やった！

パパを許してね
きっと
お仕事の
ストレスの
せいだと思うの
ストレス？
それって病氣？
内科
じっ
ねえママ
看護婦さん
になるのって
むずかしい？
ん？
なぜ？
私…看護婦
さんになる!!
そしてパパの病氣
を治すの！
そうだった
それで私
看護婦に
なったんだ
その後
お父さんだけ
じゃなく
多くの人を癒したいと
思って…
なのに私ったら
イライラして
グチ言って

もう一度…心を入れ替えて初心に戻って仕事に取りくんでみよう
よーし!! 取りくむぞっ
遠隔ヒーリングも送り手が複数だと、人数以上のパワーになります
またヒーリング以外にも使えます
例としてカルマの解決・過去の傷の癒し未来の自分に光（エネルギー）を送る。未来の自分と対話する
DNAにエネルギーを送る。
情報をキャッチする。
問題の解決 紛失物を探す等々
以上で、ファースト・ディグリー、セカンド・ディグリー終了ですが、今後21日間は浄化の期間ですので、水分を多目にとって下さい。自分自身にフルセッション（30分）を行なうのが理想ですが、5分でも10分でもよいですから、レイキを続けて下さい
ご希望の方には次の段階にサード・ディグリーがあります。第4のシンボル(高次元の意識と繋がる・光をもたらす)が与えられます
そしてティーチャーズ・ディグリーですが、周りの人たちにレイキをお伝えしたいと思う方はどうぞ
ティーチャーになるにはサード・ディグリーを卒業されれば能力的には可能ですが、レイキの健全な発展のために一定のクオリティーを満たした方にご受講頂いております

それでは各自、ティーチャーの所に集まって下さい。質問等受けます
いやあ、強い"氣"が感じられましたよ
驚きました。昨日まで凡人だった私が…人を癒せるなんて
皆さん2日間、如何でしたか？
すごく有意義でした
早速友人に遠隔ヒーリングをやります
昨日から家族にやって喜ばれてます
注意点は、慣れてくると自分が癒してやっているという氣になることです。
私たちはあくまで宇宙エネルギーを流す回路です。それを忘れないで下さい
はい
いやーっ おなかすいたの、もう帰るの
うあああ あ〜ん
もうちょっとだから!!
ニ゛タ
うう
うああ
あの子、またぐずってる

いい加減に しなさい!!
子供って どうして 所かまわず 泣くんだろ。 子育てって 大変だな
そんなに 泣いたら、 お目めはれ ちゃうわよ
スッ
えっ、 えっ、 ぐずぐず
ぐず ぐず
うふふっ
子供って 感受性が強いのね レイキを感じて おちついたね
高木さん
レイキって絆を深める 架け橋にも なるのね
そうですね
……

高木さん
あの…
よかったら、
遠隔
ヒーリング
しましょうか
小川さんに聞きました
別れた彼のことで、
元氣ないのだって…
ありがとう、
でも…
彼のことは
もうどうでもいいの!!
今はなんで
悩んでたのか
不思議なくらい
第2シンボルの
「ハーモニー」の
アチューンメント
を受けたら
突然ふっきれ
たんだって
義明
一年近く自殺を
考えてたらしい
すごい
変わりようね。
表情がいきいき
してた
祥子だって
目の輝きが
違うよ
わかる?
ふふっ
義明もね
ハハハハ

# 第3章
# レイキを活用する

RRRR
はい、山本です
わあ、小川さんお久しぶりです
元氣？　その後どうしたかと思って…レイキやってる？
やってますよ。実は私、急性胃炎で2週間程仕事を休むつもりだったんですが、たった3日で復帰出来たんです
急性のものには、即効性があるって言ってたものね
来週末、レイキ復習会があるじゃない。
みんな、誘って行かない？
いいですね。行きましょう
それでね、田中君に整体のことでいい情報があるの
一緒に来るでしょ？
え……あの…
小川さんから連絡してもらえます？
なに？どうしたの、ケンカ？
はあ…ケンカというか実はですね

あのレイキティーチャーの木村さん、ショートカットがステキだった。ねえ義明、私も似合うかなあ
切ったらおしまいだよ
なにそれ
髪型で氣持ちが変わる程、私たちって、浅いの？
ショートじゃいけない理由を教えてよ
レイキやろう。横になるから、このテーブルどかして。祥子、そっち持って
浅くなんてないよ ちゃんと考えてる
いつか結婚して、祥子は仕事やめて
いつかって、いつ？考えてるだけじゃないの？
私仕事は辞めないから！やっとやる氣が出てきたの。
義明が整体師のことや髪型の理由やら何も話してくれないから、私も話す氣になれなかった

私たち完全に
すれちがってる!!
なのに結婚
だなんて!!
しかも
いつかだ、
なんて!!
祥子はオレが
何か言うとすぐ
バカにする
じゃないか!!
カッ
だからハッキリ
するまで言わな
いようにしてた
んだ
ガターン
バラ
バラ
バラ
バーン
——という訳で
しばらく会わない
ことにしたんです
片手でレイキ
してあげる
サンキュ
でももう
だいぶたつ
のに連絡が
なくて…
私たち…もう
ダメかも
しれません
……
雨降って、
地固まるって
言うじゃない
彼を好きなら
山本さんが
連絡しなきゃ
ーね
自信がなくて…
自信？

新たな氣持ちで職場に行き出して…
患者さんに言われたんです
床ずれはしていないけど、腰が痛むんですね
よかったらさすりましょうか
さするというより、手を置いてるだけよねぇ
ふふ、これがいいんですよ
う～ん そうね
あら～、楽になってきたわ
看護婦さん、少し休み取ってたでしょう。胃炎だったんですって？
ええ。でもすっかり、良くなって
そうみたいね。
前はイライラしてたもんね。
悪氣はないんだろうけど、人の話聞かなかったし
人間、体の具合が悪いと、そうなるわね
それでガーンときちゃって…
義明の言う通り、私の態度が悪かったって自覚したら
自分がいやになってきちゃって
でも今はイライラしないでしょう。
それにそれでも彼は結婚しようって言ったんだし
勇氣を持って連絡しなきゃねー!!

……
いけない!! お母さんに、遠隔ヒーリングする時間だ
何のことかよくわかってなかったけど、一応承諾したもんね
セミナーの後ずっとやり続けてるから、そろそろ効果が出るかな
人の話を聞かないか…
お父さんもそうだったな
お父さん、クラスの子がイヤなこと言うの、どうしたらいいの？
お父さんは忙しいんだ 後にしなさい
ピンポーン
まさか 義明
ううん… お父さん
なに考えてるの、私ったら そんなはず ないわよ
はい どなたですか
お父さん!!
ええーっ
どっ… どうしたの、なんで?!

仕事で東京に来たついでに様子をな
今日はたまたまいたけど夜勤でいなかったら
どうするつもりだったの
木曜の夜は仕事じゃないから、遠隔なんとかをやるって言ってたろ
夜行ですぐ帰るよ
……
と……
泊まっていけば、いいじゃない
バスタオル出た所に置いとくね
あ、あ
ああ…心がおちついてきたお父さんに対する不満が消えていく
お父さん白髪《しらが》が増えたな…仕事に追われてかわいそう…
お母さん元氣？
ガシ
ガシ
ああ最近わりと調子いいらしい
……
お父さんは…どう？

そうだな
肩コリと寝付きが
悪い以外はな
じゃあレイキ
やってあげる
だからその
レイキってのは、
なんなんだ
コポ
コポ
えーと、
うーん、手あて
療法でね…
——というものなのよ
とにかく試して
効果で判断して
わけが
わからんな
大切なのは、
スキンシッ
プなの
どう？
何か感じる？
あったかい
手の感覚じゃなくて
他に何か
首を
しめられてる
他には何も
もう!!
お父さんたら
鈍感ね！
ハハハハ
そうなんだ
あははは
ハハハハ

よく眠れた？
地下鉄
SUBWAY
ああ
枕が変わったのに
ぐっすり眠れたな
いい天氣、
もう春だね
もう3月も、
末だからな
おまえ、JRだろ
ここでいいよ
たまには、
帰って
きなさい
お父さん
体、大切に
ねーっ
SUBWAY

その日
いつも見なれた風景が
初春の日ざしのせいか
すべてがキラキラ
まぶしかった
ただ今、電話に出ることができません
やっぱり、この時間は仕事ね
私、祥子です。
ええと…
今週末のレイキの復習会に出ようと思うの。
義明も…

レイキ
復習会 会場
お久しぶりです。
皆さんもう、
お揃いで…
小川さんは、
まだよ
あれ？
田中さんは…？
え…
来てないですか…
始まるまで、
ちょっとあるけど…
その後どうですか？
とにかく、私の場合、考え方
から生活まで180度変わったん
ですよ
それと、
友人の
一人が…
ああー
頭痛い
でも、電磁波
による現代病
だから、どう
にもならない
の
バファリン
命なの
——という人に、
レイキをやったら
一日でピタッと
楽になっちゃって
それで氣付いたん
ですけど、
肩凝りとか腰痛の
人って意外
と多いのね

レイキが大活躍ですね
僕も慢性の坐骨神経痛ですからね
でもアチューンメントとレイキ・マラソンで痛みが軽くなっちゃって
今では何ともないんです
レイキ・マラソンは先生方がしたんじゃなくて僕らと同じ初心者ですよね
それがこんな効果があるなんて
不思議で…
それに痛みがなくなって、心が晴れたせいか、運がよくなった感じで…
会いたい人には、偶然先方から電話をもらったり
大口の契約が決まったり、円滑現象※が次々あって
まさにワンダー(不思議)フル(いっぱい)
クス
クス
レイキと皆様に感謝ですよ
僕はタバコをやめられましたよ
結構ヘビースモーカーでしたよね
以前から、やめたいと思っていたのをずるずる先に延ばしていました。
レイキでタバコの味がマイルドになるのを知って吸う度にやっていたのですが…


※円滑現象——物事がトラブルなく、通常よりスムーズに進むこと

手間ばかりで吸っても、吸わなくても同じだな
ちょっと、タバコを吸うのを止めよう
そうして性格や、悪習を変える第２シンボルを使って潜在意識に働きかけました
我慢じゃないのでアメやガムは、必要としませんし、
タバコも持ち歩いているのですが…
特に強い欲求はおきません
禁煙ってむずかしいって言いますよね
そんなにカンタンに出来ちゃうなんて
皆さんこんにちは。
何？ レイキの効果を話しているんですか？
あ！ 先生こんにちは
はい
皆さん、会場に妊婦さんがいらしたの覚えてますか？
ああ！ はい覚えています
そうそういらっしゃいましたね
出産後で今日はこれなかったのですけれど、私たち知り合いなの
臨月近くなっても、逆子がなおらなくて医者は帝王切開だって… 言うんですが

でも出来れば、自然分娩で出産したいと思ってレイキを受講したら…
ああ緊張と疲れがほぐれていく
知らないうちに、出産に不安があったのね。それが解放されていくのがわかるわ。おなかの赤ちゃんが一番喜んでいる…
あなたが好きな時に自分の力で簡単に生まれてきてね…
ポン
ポン
おなかをけった
あれ？変だな。しかし…やっぱり
なんですか、先生？
逆子がなおっているんです!!
2週間後の朝
そうなの木村さん。いつもと違う痛みなの。たぶん生まれるんだと思うの遠隔ヒーリングをお願いしてもいいかしら

１人で病院に行ける？
ええ、大丈夫
キッ
バーン
１時間半後
おぎゃーあ
おぎゃーー
おぎゃあ
おぎゃあ
予定より、三週間早い出産でした――が
へその緒が首にまきついていたので早めに小さく生まれたことにより命が守られたのですよ
あなたが好きな時に、自分の力で簡単に生まれてきてね

じゃあ おなかの赤ちゃんはそれをしっかり聞きわけて生まれてきたんですね
「レイキのおかげ」って、おっしゃっていたわ
いやあ、驚きですね
ふうーっ そんなことって、あるんですね
無事に生まれて、よかったですね
皆さん 色々効果が出てますね
よ！ 久しぶり、祥子
さっき、偶然駅で小川さんに会ったんです
山本さん、こんにちは。皆さん 久しぶり

これもレイキの効果かもしれないんです
それじゃあ、整体の学校にはもう、通ってるんですね
はいもう、1ヶ月になるのですが
時間的に会社を辞めてバイトにしようと考えたんです
できれば少しでも、関係のある所でと思うとなかなか…
よかったら私の知人のところに来ませんか？
え?!
ちょうど、紹介を頼まれていたんです
ビックリしました願ったり叶ったりだったので…
よく「世の中、偶然はない」って言いますよね
そう…つまりすべては必然でお互いが、呼びよせたのでしょうね
レイキで、その通信回路が強力になった為、ことの起こりが早くなったんですね

必然だから起こることすべてには意味がある。病氣でさえもです
病氣もですか？
そう…今の問題（病氣）が、氣付きを与えたり、人生を好転させるきっかけだったり
仕事のしすぎで自分や人に思いやりが欠けたり、
少し休むことで考えるチャンスを与えているとか
生活や心が不自然なのを教えているとか
仕事
仕事
仕事
仕事
色々な出会いの為かもしれません
問題の中には、大きなギフトが与えられているのです
見る目があれば、聞く耳があれば、感じるハートさえあれば——、氣付くはずです
……
小川さんはお仕事でレイキの反応どうですか？
ええ
毎日リフレクソロジーのサロンに10人位のお客様が来るんですが、常連のお客様が…
今日は、何か特別なことをしたの？
え？どうしてですか？

今まで以上に、氣持ち良く感じられたから
何かジーンとくるのが、いつもより強かったわ
1週間に6人の方から言われたんです
いつもと同じことをしているのに
自分でも、お客様の足に手を触れていると
手が熱くなって、活性化してくるのには驚いています
それに今までは1日ヒーリングし終えると疲れてしまうこともあったのが
ヒーリングすればする程、元氣になって仕事がさらに楽しくなったの
私もです。ストレスないですよ
海外ではレイキは治療家やヒーラーの必須課目と言われる程なのですよ
看護婦さんや、介護の方も多数受けられているそうです
じゃあ私たちが受けたのは必然なのね

それでは、
レイキ復習会を
始めます
まず、レイキ・マラ
ソンの変形で、
日本で伝統的に
伝わる
「綜統《そうとう》ヒーリング」
を行ないます
受け手の特定の
部分を中心に
エネルギーを
送ります
片方の肩に
5人ずつくらい
合計10人が
つながります
現代はベッドに
寝て
行ないますが
戦前はフトンに
寝て行なって
いました
グウウ・・・
キャー
だいぶ
効いたみたい
お腹が
鳴ってる
くっくっくっ
誰も聞いて
ないよね

次にセミナーでも行なったペアワークです
そして遠隔ヒーリング
――さて レイキに関するQ&Aです
何か質問等ありましたら、お答えします
……
あのう……
おず おず
さっき皆さん、すごい効果を話されていましたが
私はそれほどでもないのですが…
あ！僕もです
家族にやっても、驚くような反応はないし…
私自身の身体や生活もとりたてて…
レイキを行なってご家族やご自身がリラックスするような氣がしませんか？
ザワ ザワ

それならあります。親もすぐぐっすり眠ってしまいます
僕もです
リラックスするだけでも、すばらしい成果です
能力開発・願望達成・スポーツ・武道等でも、リラックスが基本になっています
リラックスで集中力や創造力・免疫力が高まり
本来の能力を発揮しやすくなります
なる程、そうですね
続けていきます
先生、次いいですか？
どうぞ
私はサード・ディグリーやティーチャーも受けたいのですが
第４シンボルによる、先生の体験談を話して下さい
そうですね…

私はそれまでも何年か瞑想を続けてましたので早速、第４シンボルを使って瞑想をしました
閉じた目の裏に、いつもは紫の光を見るのですが…
それが白光になりまして
まるで太陽の光に照らされている、そんなカンジで
なにかとても
大きな存在に
抱かれている
自分のすべてが
受け入れられ
愛されていると
感じ…
平安と感謝の氣持ちでいっぱいになりました

あまりにも、
まぶたの裏が
真白なので、
おそるおそる
目をあけると
部屋全体が金色
にも近い、明る
い光に包まれて
いたのです
それから
ティーチャーズ
・ディグリーを受け
アチューンメン
トをさせて頂く
側になって、
与えることの
素晴らしさを
知りました
理屈ではなく
与えれば与える程
私も元氣になって
ゆくからです
それではレイキを
活用した
氣のトレーニング
を行ないます。
私の動きに
合わせて
下さい
両手で氣のボールを
ころがすようにして
足の位置は
そのままで
体の向きを
変えます

ゆるやかな動きなのに、運動した充実感があってすごく氣持ちいいね
汗かいてきたよ
こういうのって、やってみたかったの
さようなら
お世話様でした——
来てよかったです
レイキ復習会
小川さん、義明のバイトの件、ありがとうございます
雨降って地固まった、みたいね

今日はもう来ないかと思った
ガタン
ガタン
寝坊しちゃってあせったよ
……
あのさ
うん？
髪型のこと、ロングヘアーにこだわった理由、聞きたがってただろう？
なんてこと、ないんだ
子供の頃、ちょっとしたトラウマ…っていうか
物心ついた頃から、母親は働いてて、帰りはいつも遅くて…

ワー…
ワー…
さびしい思いをした上に、癌でいきなり死んじゃって…
その母親がずっとショートにしてて
だからショートは「オレから離れて行く女《ひと》」っていうイメージが、根深くあったんだ
マザコンみたいでカッコ悪くて言えなかった
でももう、切っていいよ。今思うと、ただの思い込みだ
……
でも…
すごくわかる すごく…
山手線お乗り換えのお客様は…
そうだったんだ、お父さんが……そう言えば、急にふれると、すごーく嫌がったもんな
でも、もう大丈夫

オレ相当、嫌われてるのかと思っちゃった
嫌ってないよう
うん、わかってる
携帯の留守録、まだ消してないんだ
あのメッセージ嬉しかった
自分の言葉、聞いてみる？
ピッ
きゃあああ
はずかしい
いいよ
――義明も都合が良いなら、参加しませんか
それと…
知らず知らず、素直になれなかった私を許してね
う～
もう、
いいってば!!
ぱっ
そんな私をずっと見守って、解消法を教えてくれて
感謝でいっぱいです
本当だ、もう大丈夫だね
えへん

ぐい
結婚の話も本当は嬉しかったの
世の中に偶然はないって言ってたけど
私が義明と出会ったのも？
義明がレイキを教えてくれたことも？
そのおかげで、長い間あった男性へのわだかまりが消えた…
ふ…ふ…ふつつか者ですが
これからもよろしくね

すべての出会いに
ギュ
ありがとう
――数週間後
ねえ義明
私、レイキのティーチャーになろうと思うの
へーっ！
義明が開業したら私、今の仕事を辞めて義明を手伝いたい。そしてレイキを学びたい人に一緒に教えるのどう？
いいねえ
それで、いつか結婚して子供ができたらレイキとスキンシップを大切にして育てるの…
きっと思いやりのある子に育つわ

……
祥子!!
すぐに結婚しようか
え?!
いつかなんていつになるかわからない
お互い忙しいから、たまにしか会えないけど
結婚すれば毎日会える
でも私、式を挙げたいし資金とか大丈夫?
レイキで願望達成もできるじゃないか!!
自分たちに出来る式や結婚生活が、きっと見つかるよ
……ああ そっか、そうよね
じゃーん。できたねパズル。
一時はどうなることかと思ったけど
どう?! まがってない?
うん
望月先生の本の中のハワヨ・タカタ女史の言葉を思い出した
どんな言葉?
えーとね

「神がわれわれに全てを与えてくださるのは、神
の意図されるところです。
神がわれわれに手をくださったのは、それを
用いて人を癒すため。そして肉体の健康と精神
の均衡を保ち我々を無知から解き放ち、光に満
ちた世界に生き、自分自身と他者との調和の中
に生き、すべての存在を愛するために…。
これらの法則に日々従うならば肉体はそれに
応え、我々がこの世で望み、欲することはすべ
て手の届くものとなる。
われわれがみな望む　健康・幸福・長寿、そ
れらが手の届くものとなる。
私はそれを「完璧性」と呼ぶ。
「偉大なる神」からもたらされる、宇宙的な力で
あるレイキは、それを求め、ヒーリングを学ぶ
ことを欲するすべての人々のものである」(ハワ
ヨ・タカタ女史がレイキを始めた頃の日記より)

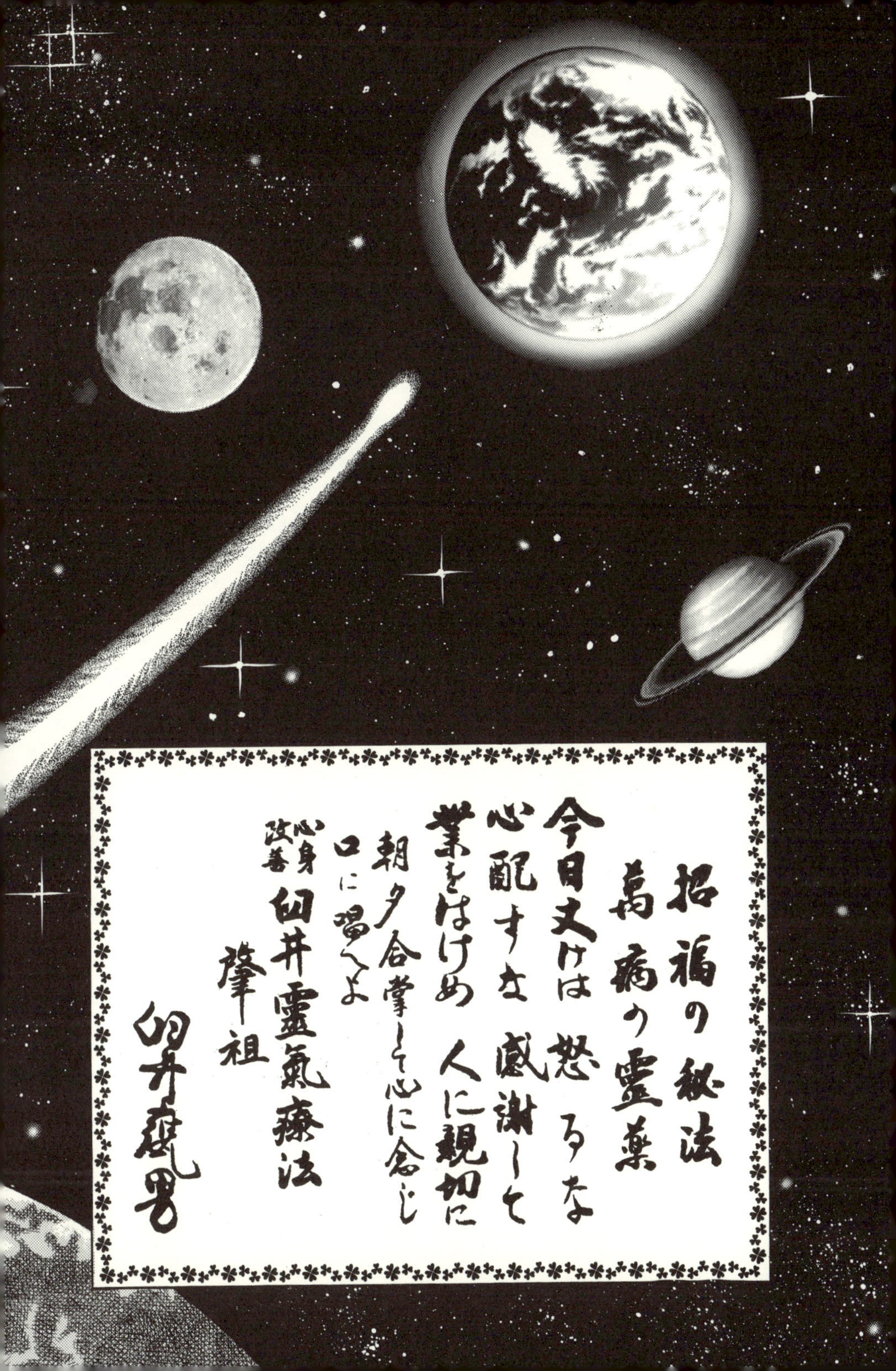
招福の秘法
萬病の霊薬
今日丈けは 怒るな
心配すな 感謝して
業をはげめ 人に親切に
朝夕合掌して心に念じ
口に唱へよ
心身改善 臼井靈氣療法
肇祖
臼井甕男

# 第4章　レイキとは何か？

## 求めていたもの

**探し求めていた…**

幸せとやすらぎに満ち溢れた人生を、
深い絆で結ばれた人間関係、家族関係を、
健全な心身を、
宇宙との一体感を、
生まれてきた目的・意味を、生き甲斐を
揺るぎ無い不動心を
最高の癒しの力を
喜び・愛・感動を
平和な世の中を

**諦《あきら》めかけていた…**

人間には限界があると
所詮　人生は思う通りにはいかないと
人の夢は　儚《はかな》いものと
人生は余りにも短すぎると
環境が許さないと
あまりにも問題が大きすぎて、自分の手には負えない
地球が破滅に向かっているのに私たちにできることには限りがある
精神力が弱い、能力がない、魅力がない、運がないと

**でも、氣付き、思い出すことができた…**

宇宙の大生命に生かされていたことを

生まれながらに人間には
素晴らしい力と可能性が与えられていたことを
体の細胞一つ一つが私を一生懸命応援してくれていたことに
悩みや問題すら私を幸せや喜び・感謝・感動に導いてくれる
素晴らしい経験だったと
問題も含めて宇宙が私に素晴らしい人生を与えてくれていた
外を探しまわらなくても、常に幸せの中にいたことを
遠くを捜さずとも目の前にかけがえのない人がいたことを
今までの苦難も全て必然、必要、ベストであったと
宇宙は完璧に展開していたことを
そして本質的には何一つも問題がなかったことを

レイキとの出会い、それは私にとって一つの奇跡でした。
たった二日の体験がその後の人生を全く変えてしまうほど…。

21世紀を迎えて、現代は激変の時代、大転換点に来ています。これは何を意味しているのでしょうか？
20世紀は科学技術が大発展を遂げた時代でした。そして21世紀にはいよいよ未開の分野、**人間の意識が大変革を遂げる時代**が到来しました。今、起こっているいろんな現象は、その意識の大変革を促すために、意識を拡げるために、人間の素晴らしさに誰もが氣付き・実感する前兆として、現れていると見ることができます。

毎日報道されることを見たり、聞いたりしていると、そこには希望があまり見出せないで、八方塞がりの時代のように感じる人が多いかもしれません。でもそこで諦めないで下さい。必ず道が見えてきます。あなたの四方（前後左右）八方（斜め前後）が塞がっていたとしてもまだ天（上方）は空いています。そこから光が差し込んでいます。また意識をあなたの内側に向けて見ると、まだ素晴らしい可能性が残されていることに氣付きませんか？

ところで私たち人間は宇宙から降り注がれるエネルギーによって誰しも生かされています。ところがこの万物を生かす宇宙エネルギーを意識して活用しているか、そうでないかで人生の歩み方が全く変わってしまいます。180度違うと言っても過言ではありません。

その大宇宙を生み出し、秩序を保ち、生成発展させている無限の力を感じ、感謝し、そのエネルギーと繋がり、共に生きることができたら、どんなに幸せなことでしょう。

その宇宙エネルギーを活用する方法の一つが「レイキ」です。

さて宇宙エネルギー・レイキを活用されて人生に大きな転換を図った方々の中から、ほんの一握りの方々ですがご報告をお伝えしましょう。

## 一分たりとも無駄のない内容

「あまりにも不思議な現象に驚いています。こんなに素晴らしい健康法があったのかと。自然や生き物、植物等を大切にし、生かされていることに感謝し、報恩の生き方こそ私の生き甲斐の人生になるという喜びを感じました。そのためレイキに磨きをかけていきたいと思います」(遠藤和明様、45歳、大阪府)

「レイキに出会えたことは私の**今までの人生の中でも本当に大きな驚きでした。そして、その驚きは、レイキを使えば使うほど、より大きくなっていくのです**。しかし、レイキがわかればわかるほど、欧米とのそのあまりの普及の開きに、残念な思いもまたより大きくなっています。日本では代替医療と言えば多くの人が通信販売の健康食品を一般には思い浮かべるのではないでしょうか。私はこの**レイキこそ本物中の本物の代替医療であると、確信しております**。私が普段扱っている医薬品を補完することも不可能ではないと実は思っています。レイキのすばらしさと驚きをより多くの人にわかってもらい、代替医療として、この日本に根づかせなければならないと思っています。ティーチャーになれた時には、私がその一助にでもなれれば、こんなにうれしいことはありません。**レイキを世界に広め、その分かち合いとやさしさと思いやりの心を伝えていくことこそ、人類が抱えている難題（温暖化、人口、食糧、民族問題など）を解決する、本当は一番の近道なのでは、と思うのです。**

これらの理想のために、このすばらしいレイキを望む方にのみ、確実に伝えていくことこそ、私のこれからのライフワークにしたいと思っています」（佐藤尚人様、東京都、薬局経営）

「セミナーでレイキ・マラソンをやっている時、初めて出会う人たちなのに、そしてただ淡々と手を当てるだけで、何の演出もないのに**自然に一体感が生まれるなんて…**。こういうことが地域社会でも当たり前になればもっともっとすてきなあったかい世の中になるし、病氣も減るでしょう。

本にも書いてあったように**一家に一人レイキの時代**が早くくるといいですね。そのために私も一人でも多くの人にレイキをしてさしあげて、喜びの輪を広げたいと思います」（西松尚子様、33歳、主婦）

「レイキを知ったのはちょうど１年前のことです。私は氣功をやっていますが、同じ仲間の方がレイキのことを話していたのです。その時の私は氣功に夢中で、全然興味が湧かなかったのですが、先日図書館で望月先生の『癒しの手』を見て読んだら、すごい内容だったので、早速セミナーを受けようと思って手続きをしました。運良く名古屋でセミナーがあったので申込みしました。その間、２週間程でした。

**セミナーの内容はとにかく楽しかったです**。髙橋先生（レイキ・ヒーリング・システム顧問）のお話はとてもためになり、アチューンメントやレイキ・マラソンなどの実践もとても氣持ち良く、まさしく「癒しの手」という感じでした。**一分たりとも無駄のない内容で二日間とても充実していました**。本当にありがとうございました」（森川正美様、会社員、37歳、三重県）

「３年以上も右足の付け根と右足の甲に鈍い痛みが続いていて、先生にお話したところ『骨盤がずれているか、左の腰に問題がある』と言われ、ペアワークで受け手になった時、受講生に腰を中心にやって頂きました。その日は特に変化がなかったのですが、翌日から全く痛みがなくなってしまいました。是非、セカンド・ディグリーも受けたいと思っています」(高田みどり様、会社員、40歳、東京都)

「私は毎日買い物には８kgの息子を抱っこして出かけておりました。帰りにはいつも10kg以上の荷物を抱えることになるため、腰と膝がよく疲れて、つらい思いをしてました。２日間受けた翌日、身体がなぜか軽くて、自然とヘラヘラしながら歩いてしまいました。

**かなり鈍感な私でも違いがわかるんだからレイキは凄いと思うし、嬉しくてしかたありませんでした。**ありがとうございました」(大山恭子様、主婦、30歳、千葉県)

**疑いが最初はありました。でも…**

**「レイキの10大特徴があまりにも都合が良すぎるので疑いが先にでてセミナーに参加するのに半年近くかかりましたが、参加して本当に良かった。うそではありませんでした」**(山田結香子様、31歳、主婦、奈良県)

「船井オープン・ワールドでレイキを知り、12月にレイキ・体験セミナー（２時間）でアチューンメントを受け、それだけで家内や母にささやかなレイキをしただけで手が暖かく氣持ち良いと喜ばれた。以前に能力開発や○○トレーニングにも挑戦したが、なかなか難しくて挫折しました。**今回のレイキはすぐに効果があったので続けられます」**(松田道広様、50歳、会社役員、東京都)

「髙橋先生、持田先生（ヴォルテックス・イベント・マネージャー）先日はとても楽しいセミナー、本当にありがとうございました。２

日間で終わってしまったのがとても残念でした。正直言って**私は『レイキ』に衝撃を受けました。**髙橋先生は『目の付け所がいいよ』と言ってくれましたけど、私は本当に**レイキの素晴らしさに驚かされました。**アチューンメントを受けてから手にかかる負担が少なくなった氣がし、とても楽にリフレクソロジー（足裏の反射区を刺激する特に女性に人氣の健康法）を行なうことができます。お客様に対しても、無理に力を入れるのではなく、自然に丁度良い力で施術できるようになり、お互いがとてもリラックスできているのがよくわかります。波長が合うという言葉がありますが、まさにそれです。私の手は以前から暖かったのですが、今は暖かさを通り越し熱いほどです。

レイキ・セミナーを受けた後に友人たちがサロンでリフレクソロジーを受けてくれました。感想を聞くと『今までも氣持ち良かったけど、それ以上で**今までで一番氣持ち良かった**』と言ってくれ、表情を見ると骨抜け状態というか、朝の寝起きというか力の抜けた顔をしていました。

６月10日には自分の**出勤時間に合わせ、遠隔でエネルギーを送ったところ、ピッタリの時間からお客様がたくさん来店され、３月20日のオープン以来、人数・売上ともにナンバーワンを記録しました。**もちろんスタッフ全員の普段からの頑張りが実を結んだとは思いますが、13時という時間指定をし、それと同時に客脚が増えたのがとてもとても不思議でした。本当にありがとうございました」（奥山貴代美様、38歳、リフレクソロジスト、北海道）

「まだファーストしか受けていませんが、朝の目覚めが全くちがいます。今まで不眠症等の病氣にかかったことはなく『普通に』寝ていたつもりでしたが、レイキ１を受けてからは今まで眠りは浅かったことに氣づきました。また、甘い物が自然に欲しくなくなりました」（川野有希子様、31歳、静岡県）

「母が体が弱く、全身、イタイイタイ病のように苦しんでいたため、家にいられる日には、平均して一日に２～３時間ほど、全身にマッサージ的なことをしていました。私自身、国際線の乗務員をしていたので、時差と長時間労働、そしてたくさんの人たちに会うため、かなり疲労していたのですが、母が苦しそうにうめいていると、自分自身の疲れと母への思いが葛藤し、肉体的にも精神的にも追いつめられていました。もっと短時間で母をいやすことができたらお互いに自立できるのにと悩んでいる時に、『癒しの手』（たま出版）を通してレイキの存在を知りました。多少の疑いと抵抗もありましたが、癒し手（ヒーラー）もレイキをすればするほど、元氣になれる点や、自分で自分をいやすことができる点、そして年取った体の弱い母でも特別な修行や訓練なしに無理なくレイキを使えるようになるという点に強くひかれて、受講を決意しました。

そしてアチューンメントをして頂いている時には、たくさんの色や月や海のイメージがうかんだり、また私自身が胎児だった時の感覚がよみがえり、涙がうかびました。

**アチューンメントをうけるとその日から、人や自分の体に手をあてると手が熱くなり、それが日に日に強くなっていくのがわかりました。おかげさまで母に施術する時間も短縮され、効果も大きく、一年前と比べると奇跡的な回復をみせています。**（中略）どんなにすばらしい宗教や哲学の本を読むことよりレイキの存在を知ることほど、生きていくうえで希望と勇氣を与えられるものはないと思います」（上田雅子様、31歳、千葉県）

上田様のお母さんの体験談も頂いております。

「長年、病氣と闘う人生を送ってきました。高安病を持病に持ち、心臓の手術もうけています。また、肩の左右のバランスも悪く、首は針金がはいっているかのように痛くて、横をむくこともできませんでした。腰痛もあり、足をひきずって歩いていました。（中略）**私自身の病氣も薄皮がはがれるように少しずつ回復してきました。心**

**臓の不整脈で苦しむ時に、レイキをあてると、落ち着いてきますし、腰痛も軽くなり、足をひきずることもなくなり、首もまわるようになりました。全てレイキのお蔭と感謝しております。**レイキは年齢に関係なく、氣がでますので、自分自身で調子の悪いところもケアすることができますし、また、家族や身近な人の役に立てますので、一生の宝物を授かったとよろこんでおります」(吉田セツ様、67歳、主婦、千葉県)

「ファースト・ディグリーの最初のアチューンメントを受けた時の白く鮮烈に輝く光の洗礼に私はたいへん感動しました。その翌日、セカンド・ディグリーのアチューンメントを受けた時は、体の中央部に心地良い暖かさが感じられ、後日サード・ディグリーのアチューンメントを受けた時は今までに味わったことのない深い落ち着きや安心感が心と体全体に広がり、目の前が本当に美しい青と緑色の光で満たされ、心から感謝しました。

セカンド・ディグリー受講後、母をはじめ何人かの知人にレイキをさせて頂き、私自身も驚く程の効果も度々経験し、レイキの素晴らしさを確信しました。人間は機械化、近代化が進む中で、本来備わっている潜在能力や愛を少しずつ忘れてしまったのかもしれませんが…本当に人間は神の子、宇宙の子なんですね！　私は２人の子供を出産後、30歳から飲食業やインテリア関連の仕事をしつつ、15年程前から人間関係や人生そのものの中で“本物って何だろう？”と常に探していた氣がします。多くの人々や色々な本とも出会いましたが、なかなか見つからなくて…でもとうとう本物を見つけました。そして望月先生の本にもあり、他の方々からも時々耳にする“世の中に偶然はない”という言葉を近頃強く実感しています。**私はついに必然的に本物であるレイキに出会えたんだと…**ありがとうございます。私と離れてロスアンジェルスと東京で暮らしている最愛の２人の息子たちに彼等自身を守る健康法として是非私からレイキを伝授したいと思っています」(崎本のぶ江様、52歳、リフレクソロジ

ーサロン経営者、愛知県）

## レイキの多様な可能性

ここでレイキの可能性についてまとめてみましょう。以下のような報告が多数寄せられています。

1）肉体面

・氣が高まる・充実する（元氣になった、活氣に溢れた）
・免疫力・自然治癒力が高まった
・疲労回復が早くなった。夏バテしなくなった
・便秘が解消された
・心身共に深いリラックスができるようになった（脳波計で調べると、リラックスの波形アルファ波や、深い安らぎと潜在意識と繋がりやすい波形シータ波が、比較的簡単に出るようになった）
・表面の皮膚だけではなく、深部から身体がほぐれ、手足の末端まで血液が流れやすくなった（血流計による検査から。その結果、冷え性から解放された）
・睡眠時間が短くてすむようになった。熟睡できるようになった（30分のレイキ・ヒーリングが1～2時間の睡眠に匹敵した）
・朝晩の寝起き、寝つきが良くなった
・不眠症が改善された
・身体のバランス・骨格のバランスがよくなった
・身体が楽になり、体の動きが素早く、軽くなった
・内臓の働きがよくなった
・若々しくなった
・スリムになった（適正な体重になった）

2）精神面

・氣が充実してきた（やる氣・勇氣・根氣等が出てきた、氣力に溢

れてきた)
・優しい心、ゆとりのある心になった
・不安や悩みに対する強さが生まれた
・頭の疲れがとれ、自由な心、とらわれのない心になり、ものごとがスムーズに運ぶようになった
・人間関係がよくなり、多くの人にやさしくなれるようになった
・特に家族関係が改善され、家庭円満になった
・恐怖心が少なくなり、行動力がついた
・自律神経が安定してきた
・楽天的になった
・精神的に不安定だったのが穏やかな性格になった
・自信がついてきた
・コンプレックスがなくなった。氣にならなくなった。
・物事の捉え方がポジティブになり、必要以上に悩まなくなった
・好き嫌いの感情が激しくなくなった
・無邪氣になった

3）潜在能力の開発
・ヒーリング能力が格段に向上した
・今、行なっているヒーリングとの相乗効果が出た（鍼灸・指圧・マッサージ・柔道整復・カイロ・整体・リフレクソロジー・アロマ・催眠・心理療法等)
・直観力が鋭くなった
・イメージ力が高まった
・集中力が高まった
・願望達成能力が高まった
・発想がユニークになり、問題解決力が高まってきた
・判断がスピーディーかつ的確になり、実践力がついてきた
・氣に敏感になった。繊細な氣が感じられるようになった
・瞑想が短時間で深く体験できるようになった

・今まで氣付きにくかった点にも繊細になり、わかるようになった
・芸術性が高まった
・波動に敏感になった
・ビジネスが著しく好転してきた

4）人生のあり方
・感動する心、感謝する心が自然に生まれて来るようになった
・愛と受容力が増し、人生にやすらぎが満ちてくるようになった
・人生がなめらかに流れているのを感じるようになった
・人生がワクワクするような経験の連続になった
・感性が研ぎ澄まされるようになった
・内なる声やイメージに敏感になった
・円滑現象（物事が自然にスムーズに進むこと）が頻繁に起こるようになった
・人生に起こることが自然に受け入れられるようになった
・物事を全体的に見ることができ（視野が広がり）、先見力がついてきた
・家族や友人、ヒーリー（レイキの受け手）との一体感が感じやすくなった
・家族の心の絆が深まった
・今までの疑問がある日突然、解けるということがあった
・環境や宇宙と自分が深いレベルで密接に結びつき、調和していることが感じられた
・すべての面で余裕が生まれてきた
・従来の自分の殻を破り、新しい自分を創造できた
・運がよくなった
・世界観、人生観が変わった
・人氣が高まり、運氣が向上した
・全ての物・ことを最善の方向に調和させることができる

等々、生きていく上で多岐に渡って大きな変化を起こしています。これは全て私たちの卒業生からのメッセージです。日本よりも数十倍の広がりを見せる海外では、さらに豊富な効果が報告されています。

## 「レイキ」とは何か？

それではこのような成果を世界中にもたらしている「レイキ」とは何でしょうか？

語源的には日本語の「靈氣」から来ています。漢字で示すと妖《あや》しく感じたり、宗教かな？　という印象を持たれる人もいるかもしれません。私自身、最初、レイキの話を聞いた時に、その特徴のいくつかが余りにも都合の良い話ばかりだったので、信じられなかったのですが、この「靈氣」という言葉の持つイメージにも抵抗を感じました。しかし、後にそれが誤解であったことがわかりました。「靈」とはもともとは「霝」が古い字形で、雨の落ちる様子を象形化した文字です。古代中国では雨は農業に最も大切な文字通り恵みの雨でしたので、神の力の意を雨と多くの口とで表したと言われます。後に神のことを司るものは巫《みこ》なので巫を加えて「靈」という文字ができたとされています。したがって靈は死者の魂も指すと同時に、「神」や「こうごうしく、尊いもの」「神聖なもの」「すぐれてよいもの」「いつくしみ」なども示す言葉でした。富士山のことを靈峰富士などと言いますね。その意味です。

また「氣」はエネルギーをさします。氣功などの氣です。

つまり**「靈氣」とは宇宙エネルギーの中でも最高次元のエネルギー**を示しています。あるいは宇宙の根源をなす光のエネルギーと言っても良いでしょう。ですから、レイキのエネルギーは出会うものの肉体だけでなく心や魂にまで影響を与え、深い癒しが起こります。レイキによってあなたはさらに繊細なエネルギーに触れ、目に見える世界を超えたエネルギーの恩恵を受けることができます。

英語では「レイキ」を一般的には「REIKI」と綴るのですが、これをレイキ・ラディアンス協会創始者バーバラ・W・レイ博士は**「RAY」（光・光線）－「KI」（エネルギー）**として、宇宙の根源の光のエネルギーとして紹介しています。特徴をうまく言い当てた造語と言えるでしょう。

**そして、この最高次元の宇宙エネルギーは、あなたがどのように活用するかによって、健康法ともなるし、能力開発法にもなります。さらに瞑想法、ヒーリングの方法、氣功法、精神的成長など、あなたが望む分野に自由自在にこの無限のエネルギーを活用することができます。**

## レイキの４つのディグリー（段階）とその特徴

ここでレイキの概要について述べてみましょう。レイキは現在四つの段階をとって一般に日本では教えられています。段階的にしかも系統的に学ぶことによって、氣を感じることや肉体のヒーリングというステップから、究極的には悟りに至ることも可能とされるテクニックです。**「入り口は健康、悟りがゴール」**と言ってもよいでしょう。それでは各段階毎にその内容を見ていきましょう。（なお、内容、標準講習時間等は「レイキ・ヒーリング・システム」の基準であり、世界中で統一されているわけではありません）

**◎ファースト・ディグリー（レイキの回路を開く。肉体のヒーリング）**
**標準講習時間７時間**

ファースト・ディグリーでは４回のアチューンメント（エネルギー伝授の個人指導）が行なわれ、レイキの回路が開かれます。そして、12の基本ハンド・ポジション（手をどのように使い、置くかということ）等を学び、その日から、自分自身にも、他人にも実践できるようになります。この12ポジションにただ手を置くだけで、あなた自身や家族等の身体を活性化し、バランスを整えることができます。

この段階で４回レイキの伝授を受けた後には、あなたは生きている限り、たとえそのエネルギーを使わなくても、宇宙エネルギーが流れるためのチャンネル（回路）となります。しかも、この力は生涯失われることがありません。これを指して多くの人が、**「レイキは一生の財産」「生涯の宝」**と口を揃えて言って下さいます。

基本の12ポジションを学び、アチューンメントを受けた後に、参加者で二人一組になり、お互いにヒーリングを行ないます。ヒーリング時間は理想的には30〜60分です（ファースト・ディグリーでは60分。セカンド・ディグリーでは30分）。しかし、30分より短ければ効果がないというものでもありません。セミナーでは時間の関係で、その日レイキを学んだばかりのお互い同士がたった12〜15分程、相手の方に手を当てるだけですが、ほとんど100％と言っても過言ではないくらい、相手の方にはご満足頂き、氣持ちよさをお互いに実感頂けます。その日、初めて学んだ同士にもかかわらず…。

また、ファースト・ディグリーの終盤には「レイキ・マラソン」という集団でのヒーリングを行なうようになります。「レイキ・マラソン」の効果は後で述べますが（p.152）、参加者のほとんどがこの時間はとっても幸せな一時だと述べられます。そして何より「現代人はこんな素晴らしい触れ合いを忘れてきてしまっているんだね」と思うと共に、触れ合いの重要性を思い出して頂いています。

「アチューンメント」と「レイキ・マラソン」の相乗効果により、この段階で「レイキの10大特徴」が決して誇大宣伝ではないことがわかるでしょう。それにより、セミナーを通じてレイキを使っていこうという**意欲を高め、自信を持って頂くよう工夫を重ねています。**
**レイキはアチューンメントを４回受ければ誰でも使えるようになります。ただそうは言っても、一人一人にとってその力が目で見えるように証明できるとは限りません。そこで、受講生の皆様には、レイキを大いに活用していこうと思って頂くことが、大切なポイント**

**となります。**なぜならアチューンメントを受けても、仮にレイキを使って行こうという意欲が生まれなければ、その人にとってはレイキは身につけられていないに等しいからです。

**（レイキのアチューンメントを受けた）受講生にもし足りないものがあるとしたら、それは能力ではなく、自信とやる氣です。**その自信とやる氣を出させることが私たち・ティーチャーの役目です。能力は誰でも１日で身につきます——落ちこぼれることなく。そして、ある程度の自信とやる氣をティーチャーである私たちが与えることさえできれば、何回か実践と経験を積む勇氣があなたに生まれます。そして経験をある程度積めば、誰もがレイキが素晴らしいものだということを心から納得し、実感して頂けます。だからティーチャーである私たちに課せられているのは意欲を高め、自信を持たせることなのです。自信を与えることが、その人の潜在能力を発揮するチャンスを広げます。そのために工夫を重ね、年々内容を充実していくように心がけています。

ところで、私たちはセミナーに**返金保証**を設けています。つまり受講したのは良いけれど、効果が感じられなかった、実際に何回使っても相手の方にやすらぎを与えたり、ヒーリングの心地よさを与えることができなかった、役に立たなかったという方々には全額返金することをお約束しております（レイキ１＆２受講生が対象となります)。レイキのセミナーを始めた７年前から、この「返金保証付き」でレイキをご紹介しております。それだけに私たちは日々工夫と情報収集を重ね、自信を持って質の高いセミナーを提供するよう努めています。その結果、98%以上の方々がセミナーの効果を実感し、喜んで頂いております。

**◎パワーアップし、応用範囲が広がるセカンド・ディグリー（心・感情のヒーリング／遠隔ヒーリング／パワーアップ）**

**標準講習時間７時間**

セカンドディグリーでは、**シンボル**（象徴的な図形）**３つ**を学び、その**シンボル固有のマントラ**（真言＝その言葉を唱えると特定のエネルギー波動を地上に降ろすことができるとされる秘密の言葉。サンスクリット語で「マン」は言葉、「トラ」は道具という意味がある）がそれぞれ与えられます。これは伝統的に先生から弟子に秘伝として口頭で（文書にはしないで）与えられてきたものです。そのため、紙面ではシンボルの形やマントラの音をお伝えできないのですが、効用をご紹介しましょう。
**「第１のシンボル」は「パワーアップ・シンボル」**です。あなたが何かを行なう時、ただこのシンボルを一定の法則で使うだけで、ポジティブなエネルギーを高めることができます。このシンボルの活用については制限がありません。仕事に、健康に、スポーツに、瞑想にと、あなたが望むだけ、望む分野で活用できます。また、エネルギー浄化にも活用できます。セカンド・ディグリー修了後にはほぼ全員が煙草やビールの味を変えることぐらいは簡単にできてしまいます。物理的なエネルギーにとても強く働きかけます。
**「第２のシンボル」は「ハーモニー（調和）のシンボル」**です。あなたの心を平安に導きます。バランスを崩しているものを調和する力もあります。また、あなたの潜在意識と直結するシンボルでもあり、人によってはこのシンボルのアチューンメント中に何年も抱えていたり、抑圧していた感情が解放されることがあります。これは人間の本質とも関わりがあるエネルギーで、あなた本来の性質に戻るきっかけをもたらします。
**「第３のシンボル」は「遠隔ヒーリングのシンボル」**です。時間・空間を超えてエネルギーを送ることができます。つまり目の前にいる人だけでなく、地球の裏側にいる友人にもエネルギーを送ることができます。また、過去や未来にもエネルギーが送れます。従って、過去のカルマの解消や未来の願望達成にも効力を発揮します。このシンボルも応用が広く、多くの受講生が工夫されて活用されています。さらに第３シンボルは魂との深い関わりがあります。

以上の３つのシンボルを効果的に組み合わせ、活用することにより、ファースト・ディグリーで得た能力をさらに高めることができます。従って、ヒーリングに要する時間をファースト・ディグリーの半分の30分に短縮しても、同様の効果が上げられます。

通常ハンド・ヒーリング（手当て、手かざし）では肉体の癒しや健康回復等をメインとして、副次的な効果としては精神面などが取り上げられますが、レイキはシンボルを使うことにより、肉体だけではなく、感情・精神・魂レベルにまで働きかけることができます。これが手当て、手かざし全盛の戦前に圧倒的な人氣を誇った理由の一つでもあるでしょう（ところで「健康」とは「健体康心」の略とされます。体を健《すこ》やかに、心を康《やす》らかにする意味です)。こんなところも、**究極のハンド・ヒーリングと呼ばれる**所以《ゆえん》でしょう。

因みにレイキ・ヒーリング・システムの統計では、ファースト・ディグリーを受講された方の95％以上がセカンド・ディグリーも受講されています。

### ◎サード・ディグリー（ハイアーセルフ・超意識との出会い）

**標準講習時間７時間**

レイキは段階が上がれば上がるほど、魅力的なものになっていきますが、特にこのサード・ディグリーはエネルギーの質が全く変わってしまうという点で多くの人を惹き付けます。それはサード・ディグリーでは３回のアチューンメントによって、さらに高次元のエネルギーと繋がることを学ぶからです。**高次元のエネルギーを別の言葉で言うなら、超意識、キリスト意識、ハイヤー・セルフなどと呼んでもよいでしょう**。この段階で新たなシンボルとマントラを学ぶことにより、あなたの瞑想をさらに深め、精神的成長を加速します。直観なども著しく磨かれます。日常をこのシンボルと共に過ごすことにより、常にあなたの人生は高次元のエネルギーに導かれます。そんなところからこの段階で学ぶシンボルは別名**『マスター・シンボル』**もしくは**『臼井マスター・シンボル』**などと呼ばれています。

レイキと共にマスター・シンボルを用いることにより、肉体とハイヤー・セルフの間にしっかりとしたチャンネルを開くことができます。それによって無限の叡知があなたに働きかけるのが実感しやすくなります。セカンド・ディグリーで学ぶ他のシンボルも含めレイキ全体の質はマスター・シンボルを使うことによってさらに強力になります。レイキと共に生きることがこのレベルの特徴となります。

さらに将来的にレイキ・ティーチャーを目指す方にとっては、その準備段階として、とても重要な段階です。（高田先生はサード・ディグリーとティーチャーズ・ディグリーは一つのものとしてご指導されました。それだけに限られた方々だけを選んで、ご指導されました。その後、変遷もあり、二つの段階に分けて教えられるスクールも生まれ、今は多くのスクールがこの方式を取り入れています。これもレイキが普及した理由の一つでしょう）

**◎ティーチャーズ・ディグリー**

**ティーチャーズ・ディグリーでは、人々のレイキのチャンネルを開く方法を学びます。**

レイキを人々と分かち合いたいと願う人に限定されて、手渡されます。サード・ディグリーまでは誰でも受講できるようになっていますが、ティーチャーズ・ディグリーは一定の要件を満たした方のみに指導させて頂いております。それはレイキが素晴らしい可能性をもったテクニックであるだけに健全な形で広がっていけば素晴らしいと思い、一定要件のみ付けております。しかし、レイキに惹かれ、周囲と分かち合っていきたいと願われる方ならば誰でもクリアーできる内容となっておりますので、レイキが氣にいられた方は是非、挑戦して頂きたいと思います。

**臼井先生（75年前）は2,000名余りの門下生の内、たった19名に限ってこの段階を学ぶことを許されたという価値ある段階です。海外でも高田先生（20年程前）は22名だけにお与えになられた段階です。**

しかしながら、学び、修得するのが難しいということではなく、人々のレイキのチャンネルを開くことは、サード・ディグリーまで順を追って学ばれた方ならば誰でもできるようになります。簡単に身に付けられるということでも、喜ばれるのですが、それだけにとどまらず**アチューンメントも滞りなく行なえる完璧なマニュアルが存在する**という点でも、ティーチャーになられた皆様が、改めてその完成度の高さに驚かれます。

ところで「ティーチャーになってからが、レイキの再出発点」という見方もあります。というのはサード・ディグリーまでは受講生の立場ですんだのが、今度は受講生を指導する立場に変わるのですから…。受身でアチューンメントを受け、解説を楽しく聞いていた人々が今度は逆に、レイキに出会う人たちに対して、指導者の立場として、楽しく、興味深く、内容的にも納得のいく解説をすると共に、レイキを一生の財産にして頂くために日常で生じるご質問に継続的に応えていくことが求められるからです。そして、**ただアチューンメントをするだけではなく、レイキを一生の財産として使っていこうと決意して頂くことや自信とやる氣を持ってレイキを実践するよう勇氣づけることが併せて重要なこととなります**。振り返ってみて、私たちから卒業して活躍しているレイキ・ティーチャーを見ますと、何度も私たちのセミナーを再受講され（卒業生は無料で再受講できます－2001年６月現在)、再受講された時は克明にメモを取られているという熱心な方々です。それと共に人間的にも日々成長が求められることでしょう。

ところでレイキ・ティーチャーのことを欧米では一般に「レイキ・マスター」と呼びます。この「マスター」という呼称はキリストやお釈迦様等を指す靈的なマスターと同じ意味ではありません。「マスター」とは、「全てのカルマから解放され、完全に浄化され悟っている存在」という意味で使われることがありますが、「レイキ・マスター」はその意味ではありません。もしレイキを教える人が純粋な魂を持ち、汚れを全く知らない、カルマと欠点から完全に解放された人でなければいけないとしたら、この地球には私も含めレイキ・マスターはほとんどいないことになるでしょう。この地球や宇宙は物凄い勢いで変化し、その影響を受けて、人類は精神的に急速に向上しています。多くの人が精神的な癒しに興味を持ち、霊的な道を歩み出している現代に、誰でも学べる形でレイキが分かち合われていることに大きな意義があると思います。

## レイキの10大特徴
### 他のテクニックの追随を許さないその魅力

ところで、たった20年程でレイキはどうしてこれほど大きな広がりをみせたのでしょう？　その秘密に触れてみたいと思います。これは日本でこの数年の間に急速な広がりを見せつつある秘密でもあります。また**日本でも戦前、百万人を超える信奉者がいた**とされる手当療法の中核をなした秘密でもあります。そして輝かしき21世紀の人類に大きな福音ともなりうる潜在力のあるテクニックと私が考える理由でもあります。一言で言いますと『**身に付けるのが簡単、しかも効果が確実、そして得た能力は永続する**』ということですが、その特徴を10項目にまとめてみました。

**1）トレーニングや修業・訓練が不要で、誰でもアチューンメントを受ければ、「レイキ」のエネルギーを受けて、自分にも、相手にも流すことができる。**

**2）修業・訓練を怠っても永久にそのパワーが失われない。極端には力が落ちない。**

**3）ヒーリング（レイキ）中に強力な注意集中が不要。**

**4）氣を入れたり、抜いたりする必要がない（エネルギーの自動調整）。**

**5）相手の邪氣（マイナス・エネルギー）を受けにくい。エネルギーを流せば、流すほど、エネルギーに溢れてくる。**

**6）時間・空間を超えた遠隔ヒーリングが簡単に身に付けられる（セカンド・ディグリー以上）。**

**7）他のテクニックと無理なく併用できる（氣功、瞑想、ヒーリング、治療法、健康法、能力開発等）。**

**8）レイキは信じようが信じまいが、必要に応じてエネルギーが流れる(信仰不要)。またいかなる宗教ともレイキは関係ありません。**

**9）レイキはあなたが持っている素晴らしい本質を向上させる。**

**10）効果例、実践例が具体的かつ豊富。**

このようにさらっと書くと大したことがないように思われる人もいるかもしれません。でも中には「そんな馬鹿な！」と思われる方もいらっしゃるでしょう。いや相当数いるはずです。なぜなら今までのエネルギー・ワーク、ボディ・ワーク、氣功、瞑想、能力開発などからはこの10大特徴が想像しがたいことだからです。しかし、決して誇張しているわけではありません。今まで氣功の修練を積んだ人であればある程、また瞑想を実践している人であればある程、そしてセミナーをいろいろ体験した人であればある程、信じ難いことでしょう。丁度、数年前の私がそうであったように…。

**でも、受講されてレイキの素晴らしさに驚かれるのも実は今までいろんなトレーニングを長く、深く実践頂いた方々なのです。今までの概念を覆す魅力に溢れていますので、一度ご体験頂けるとあなたもレイキの魅力を実感して頂けることでしょう。**

このようにレイキを受講された皆様は、『**最短の期間、最小の労力で、これだけの能力を身につけられる技術はないのではないか**』と驚嘆されます。

### 10大特徴解説

それでは、ここでレイキの10大特徴をもう少し詳しく解説していきましょう。

**1）トレーニングや修業・訓練が不要で、誰でもアチューンメントを受ければ、「レイキ」のエネルギーを受けて、自分にも、相手にも流すことができる。**

「アチューンメント」というエネルギーの伝授を一定回数受ければ、レイキのエネルギーを受け取ることができるようになり、それを自分にも他人にも流すことができるようになります。「私は鈍感だから、才能がないから、今までうまくできたことがないから…」というご質問をよく受けますが、素質、才能に一切関係なく、アチューンメントを受けさえすれば誰でもレイキのチャンネルとなることができます。しかも、このアチューンメントはファースト・ディグリーでは４回、１日で受講が可能です。

こんな短期間でできるとは思えないかもしれません。特に氣功などを長年修練されたことがある方にとっては…。

ちなみに氣功の「功」という文字は「積み重ねる」という意味があります。つまり「時間をかけて、年月を重ねて訓練した上で練り上げた氣」といった意味もあるのです。それがたった１日で身につくというのですから、信じ難いですし、仮にそうだとしても深みのない技術だろうと思われるかもしれません。

ここで、そのように思っていた山口県在住の治療師・藤田俊男様の感想文をご紹介致しましょう。

「私は、鍼灸・整体・氣功等の治療師として10数年の経験を持ち、仙道・太極拳・氣合術等の、人間の内的可能性を追求する修行も、牛歩の歩みではありますが長年にわたり、行なってきました。この両者とも、『氣』ということがキーポイントとなっており、この把握活用が重要であることは、言うまでもありません。私としては、それなりの活用はできていたつもりであり、レイキについても以前より知識としては知ってはいましたが、**究極の『うまい話』**であり、受講してみる氣はありませんでした。ところが、**レイキプラクティショナーとなった知人（その人は、以前は氣の世界に関しては無知であった）から、セッションを受けてみて、その氣の質のすばらしさを知りました。いわゆる補瀉《ほしゃ》自在※の境地に、１日にして到達していたわけですから、何年も修業して、その境地に到っていない人間**

**にとっては、まさに驚きでした。そして、私も受講して、そのすばらしさを体験しています。まさにレイキは治療、ヒーリングや、内的修行を志す人にとっては、その根本となるものであり、そのレベルを確実にアップさせるものと思われます。**私にも、この道を開く能力があれば、共に歩んでいる治療師や、内的修行者たちと、喜びを分かち合うことができ、ひいては、人々の幸せに寄与できると思いティーチャーになりたいと思っています」という感想をお寄せ頂きました。そして現在は福岡地区でのレイキ・ティーチャーとしてもご活躍頂いています。

※補瀉自在――氣を補ったり、抜いたりするのが自在にできること

**2）修業・訓練を怠っても永久にそのパワーが失われない。極端には力が落ちない。**

ずっとレイキを使う機会がなく、忘れていたとしても、いざという時にはしっかりと役立ってくれます。また、急激にパワーが弱まったりすることもありません。安定したパワーをずっと保っていきます。

レイキを受けた時は、特に健康面で差し迫っていたわけではないので、それ程熱心にレイキを使っていなかった方が、たまたまお子さんがケガをしたので、レイキをしてあげたところ簡単によくなり、傷跡も全くなくなってしまった、などという報告をよく頂きます。いざという時にレイキを身につけておいてよかった、という感想を頂きます。

**3）ヒーリング（レイキ）中に強力な注意集中が不要。**

**レイキは強力に注意集中をしなくても必要なエネルギーが流れていきます。**電車の中でも、テレビを見ながらでもレイキは使えます。ヒーリングをすることに慣れていない人の場合、意識を集中することでかえって疲れてしまい、エネルギーも流れにくくなることがあります。もちろん、精神集中が自然にできる方であれば、それでか

まいませんが、何かをしながらでも可能という手軽さもレイキのありがたい特徴です。ですから**忙しい現代人にはぴったりの方法といえますし、時間がないから身につけられずに終わったということがありません**（因みにレイキを実践する時間がない、と言われる方には就寝時に行なうよう指導しております。**経験上、15分のレイキは30～60分の睡眠に、30分のレイキが１～２時間の睡眠に匹敵すると言えるでしょう**）。

**4）氣を入れたり、抜いたりする必要がない（エネルギーの自動調整）。**

氣功治療の場合、相手のエネルギー状態を読みとって、症状によってエネルギーを入れたり、抜いたりしなければならないと一般に言います。その読み取りを間違えると、症状が悪化してしまう場合もあります。

しかし、レイキの場合、自動的に調整されるため、何も考える必要はありません。エネルギーが必要な時には流れ、必要ない時には流れなくなります。これが自動的に起こります。

**5）相手の邪氣（マイナス・エネルギー）を受けにくい。エネルギーを流せば、流すほど、エネルギーに溢れてくる。**

エネルギーに敏感な人の中には、波長が合わない人や具合が悪い人に触れたりすると、相手の影響を強く受けてしまうという人がいます。でもそんな体質の人もレイキなら安心して行なえます。いくら相手にエネルギーを流しても、相手の邪氣を受けず、また自分自身もエネルギー不足になることがありません。逆に、他人に氣を流せば流すほど、自分がエネルギーに満ちていくのがレイキなのです。

レイキは一人の人に30分ほどの時間をかけて行なうのが理想（セカンド・ディグリーでは）ですが、セミナーやイベントで時には、朝から晩までひっきりなしに50～100人単位の方々に１人当たり５～10分レイキをすることがあります。そんな時もたった５分程度でも皆様から「氣持ちよかったです」と口々におっしゃって頂きます。それと同時に「１日中レイキをしていて疲れませんか？」とよく質問されます。しかし、疲れるどころか朝よりもますます元氣になっています。これは最初は不思議な感じが私自身しましたが、今ではこれが当り前になっています。

**6）時間・空間を超えた遠隔ヒーリングが簡単に身に付けられる（セカンド・ディグリー以上）。**

セカンド・ディグリーで学ぶ３つのシンボルとマントラを学び、方式に則って活用すれば誰でも遠隔ヒーリングができるようになります。

セミナー当日は、会場で２人１組に分かれて遠隔ヒーリングの実習を行ないますが、たいていの方がその場で効果を実感して頂きます。それでも中には、離れていてはなかなか感じられないという人がいます。その場合、その人に向けて参加者全員で一斉に遠隔ヒーリングをすると、ほとんど感じて頂けます。

それには理由があります。もちろんレイキのシンボルとマントラの力によるところ大ですが、多くの人が「遠隔ヒーリングなんてできるわけがない」という強烈な固定観念があるために、エネルギーを感じられないということもあります。それをセミナーの中で覆し、人間の意識の素晴らしさと可能性を実感して頂きます。そのため、多くの方が抵抗なく遠隔ヒーリングを身につけることができるようになります。

**7）他のテクニックと無理なく併用できる（氣功、瞑想、ヒーリング、治療法、健康法、能力開発等）。**

氣功や瞑想、ヒーリング、能力開発等の方法をすでに学んでいる人も、レイキは矛盾することなく使えます。むしろ相乗効果で、すばらしい効果を皆様表しています。

あるカイロプラクティックの先生からは治療に使った上での結果

報告として、次のような報告をお寄せ頂いています。

「効果抜群だった。10大特徴はうますぎる話だなあ、と思っていたが本当にうまい話だった。**10大特徴以上の効果がある。不思議。**自分でお金を出してセミナーを受けたのは今回が生まれて初めてだったので、**効果が無かったら、お金は絶対返してもらおうと思っていた。しかし、お金は返却不要！　人間の潜在能力の凄さを再認識した。**

三密貫頂《さんみつかんちょう》は大体予想通りだったが、機械や催眠効果等の刷り込みも無く、無言でアチューンメントをするだけでこんなに効果があるなんて…

1、エネルギーレベル

・エネルギーの概念（体感）の変化／オーラ・フィールドの変化と増加

2、治療レベル

・治療時間の短縮

・治療効果の増加、治療効果の持続、無意識の治療

3、感情レベル

・情緒の安定、チューニング（変性意識状態）しやすくなった

4、肉体レベル

・体力の向上、人相の変化、五感の変化、体感温度、血圧の変化など」

（辻博一様、カイロプラクター、神奈川県）

このような報告を治療家の方々から頂いております。治療内容にかかわらず、レイキを様々なテクニックと併用し、素晴らしい効果を上げて頂いています。

ここで思い巡らして頂きたいことがあります。治療家やヒーラーというのは、一般に数年間という時間と数十万、数百万というお金を投資し、しかも情熱を傾けて一つ（もしくは複数）のテクニックを身に付けた方々です。そのような方々ですから、逆にレイキの真価がわかるのでしょう。短期間で努力不要で、ある一定の能力が身

に付き、効果もあげるレイキのことが…。

**8）レイキは信じようが信じまいが、必要に応じてエネルギーが流れる（信仰不要）。またいかなる宗教ともレイキは関係ありません。**

レイキは**信じる必要がありません。**人間は信じることによって思いも寄らぬ力を引き出します。だから、「その信じる力をレイキは引き出しているだけであって、もし信じることができない人には効果がないのではないか」という疑いが生まれることがあると思います。しかし、動物や植物、あるいは赤ちゃんといった、信じることと無縁に近い存在にもレイキは有効に働きかけます。

獣医さんで何人かレイキ講習をお受け頂いている方がいますが、「動物の方が素直なのか、よくレイキが効果を上げますよ」とまで言って頂いております。

信じる必要はありません。ただ目の前で起こっていることを素直に受け入れて頂くだけで、やがてあなたは確信することでしょう。レイキの力を…

また、レイキはどんな宗教とも直接の関係がありません。そして世界中のあらゆる文化・宗教圏でもレイキは活用されています。仮にあなたが何か特定の宗教に関わっているとしても、それがレイキの作用を妨げることもありません。それと特別な戒律も強制もありません。

**9）レイキはあなたが持っている素晴らしい本質を向上させる。**

レイキはそもそも、あなたの本質を磨き上げるための方法ですから、体験と理解が深まるにつれて、自然にあなたの本質が光り輝いていきます。レイキは簡単に誰でも学べます。それでいて、奥が深いので、何十年もかけて探求している方も世界中に相当数います。継続するのが、誰でも簡単にできるということもありますが、極めれば極める程、奥が深く、宇宙エネルギーに導かれ、一人一人の素晴らしい本質を磨き上げるテクニックなのです。

**10）効果例、実践例が具体的かつ豊富。**

そして、最後は、本章の冒頭でもご紹介しましたが、実に多くの**効果例・実践例が毎日のように報告されています。**

以上でわかるように、レイキは、無理なく行なえて効果の高い、優れた手法と言えるでしょう。

# 臼井靈氣療法学会の歴史

## 臼井甕男先生のご生涯

ここで、第1章でもご紹介しましたが、補足も兼ねてレイキの歴史を簡単に見ていきましょう。

尚、資料として臼井靈氣療法学会「靈氣療法必携」「霊気療法のしおり」「霊法肇祖臼井先生功徳之碑」その他。三根伊真枝先生「九十年の歩み」、小川二三男先生「霊気は誰でもでる」、足助次郎先生「手当療法」、海軍資料他、並びに上記の先生並びに関係者の方々からお話をうかがったことも含め記しております（以上の書籍・資料等は非売品、もしくは絶版のため一般には入手できないことを予めお断りしておきます）。

臼井甕《みか》男《お》先生（1865.8.15～1926.3.9）は号を暁帆《ぎょうはん》といい、慶応元（1865）年8月15日に岐阜県山県郡谷合村（現・美山町）でお生まれになりました。千葉常胤《つねたね》（平安末期から鎌倉初期に活躍した武将。鎌倉幕府設立に貢献）を祖先とする家系で、父は胤氏《たねうじ》（通称・宇左衛門）といい、母は河合氏から嫁がれています。先生は幼少から苦学しながら努力して勉学に励み、その実力は抜きんでる程だったと言われます。

成長した後、欧米に数回渡航し、中国にも遊学されました。そして、官吏、会社員、新聞記者、布教師、実業家と幅広い職種に就き、

臼井靈氣療法肇祖臼井先生

人生経験を豊富に積まれました。ただ、立身出世という点では不遇な面もあり、生活に窮することもありました。それでも少しも怯むことなく、ますます鍛錬に励まれました。

ある日、鞍馬山に登って断食瞑想修行を開始しましたが、21日目になって突然、一大霊氣を頭上に感じ、悟りが開けると同時に霊氣療法を感得されました。これを自分自身で試し、家族にも験《ため》されたところ、すぐに効果が現れました。先生は「この力を家族で独占するよりも、広く世の中の人に授けて喜びを共有するほうがよい」とおっしゃられ、大正11（1922）年4月、東京青山原宿に住居を移され、臼井靈氣療法学会を設立して霊氣療法を公開伝授され、治療も行なわれました。遠近から集まって、指導や治療を求める人の列が戸外にあふれる程の人氣でした。

大正12（1923）年9月、関東大震災により、けが人や病人が至るところで苦しんでいました。先生はこれを深く憂慮され、毎日市街を回って治療されました。それも多くの人びとを救うべく、両手、両足、眼等を同時にお使いになり、なおかつ効果を上げられたそうです。これで救われた人の数はどれほどであったか、とても数えることはできない程だと言われます。しかし、いかに臼井先生といえどもお一人では限界があります。何とか同じように靈氣を使えるような人を養成できないものだろうか、ということで先生の愛の思いが結晶化したのが霊授、つまり今に伝わるアチューンメントになりました。

その後、この緊急事態の中でのご活躍で噂が噂を呼び、道場が手狭になったため、大正14（1925）年2月、中野の新築の道場に移転されました。先生の名声はますます高まり、全国各地から招聘されることが多くなり、**全国の支部は60ヶ所**を数えるまでになりました。靈氣療法の肇祖《ちょうそ》というだけではなく、**「手当療法の中興の祖」**とも仰がれる程となりました。

先生は温厚で慎み深く、謙虚なご性格で、うわべを飾ることはなさいませんでした。身体は大きくがっしりとして、常ににこやかに笑顔をたやさずにいらっしゃったそうです。しかし、ことに当たる時は意思が強固で、しかも忍耐強く、極めて用意周到であられました。とても多彩な才能をお持ちになり、読書を好まれ、歴史や伝記、医学書、仏教やキリスト教典、心理学、神仙の術、呪術、易学、人相学に至るまで、すべて熟知されていらっしゃいました。

これらの研究が修養練磨の基礎となり、やがて靈氣療法の確立へと導かれたことは言うまでもありません。

靈氣の目的とするものは、ただ病氣を癒すだけに止まらず、その心を正しくし、健康を保ち、人生の福祉（幸せ）を享受することにあるとされています。

### 先生の最期と19名の師範の先生方

ご活躍により、先生の直接の門下生は2,000名を超える程となりました。

**「時に大正15年１月16日、本部をはじめ全国各府県支部における多**

臼井甕男先生を囲んで。牛田従三郎先生（最後列右から３番目）、三根梅太郎先生（最後列左から２番目）。

**数の門弟中より、学識・人格及び治療修練の優秀な人材を20名お選びになり（うち19名参加）霊授法を授け、師範の資格を与えて、各支部の霊授を委ねられました」（三根伊真枝先生「九十年の歩み」）**

因みに当時の師範の先生方で、お名前が判明している限りで記しますと、牛田従三郎先生・武富咸一先生・林忠次郎先生・三根梅太郎先生（三根伊真枝先生の夫）の４先生がいらっしゃいます。この１月16日は75年の後にこうしてレイキの恩恵に浴すことができる私たちにとっては記念すべき日です。臼井先生以降、私たちまで、そして私たちから未来にレイキが手渡されることができるようになった記念すべき日と言えるでしょう（なお、一部に臼井先生から師範に任命された先生方は20名いらっしゃったという資料もあります）。

先生は師範養成後も精力的にご活躍され、全国を行脚されました。ある時、西日本に出向かれ、呉、広島と巡行後、九州・佐賀に入り、また広島県福山に戻られました。そして大正15（1926）年３月９日（後継師範選定後僅かに50日）、旅先の福山で霊授(アチューンメント）中、突然３回目の脳溢血でお倒れになり（２回までは御自身で自己治療をなされ全快された)、福山支部において**「後継者の備えあれば憂いなし」**とのお言葉をお残しになり、62歳の天命を閉じられました。

三根伊真枝先生によりますと「しかし、先生には、既に霊感により命数を悟り、後顧の憂を除き、しかも霊授会場にてのご最期、莞《かん》爾《じ》としての大往生と拝察するのである」と述べられています。

先生の奥様は貞子様（旧姓・鈴木）といい、３人（一男二女）のお子様がいらっしゃいました。ご長男の方のお名前は不《ふ》二《じ》様といい、臼井家を継いでいらっしゃいました。それ以後のご家族の方々につきましてはわかりませんが、臼井靈氣療法とは深い関わりはお持ちではないものと思われます（因みに同時代に臼井正という治療家が当時の本部と同地区である中野区大和町に在住し「難病即治の妙法」「難病即治法秘図」〔昭和11年・曙書院発行〕を著し、その中で「靈掌治病秘傳」等の手当て法を記していますが、臼井甕男先生、臼井靈氣療法については記述がありません。関連性をご存じの方がいらっしゃいましたら、お教え下さい)。

**先生の与えられた大きな影響**

臼井先生のエピソードは多々あります。先生は非常に強い霊力をもたれ、お目に掛かった途端に多くの人が霊氣を感じ、講習会の時など、先生の着物にさわっただけで、霊氣(エネルギー)を頂けたそうです。先生はユーモアに富んだ面白いお話し振りで、厳しい中にも楽しい会であったそうです。

治療では、脳溢血で倒れ、危篤状態で戸板に乗せられて運ばれてきた人に手を当てられた時など、ダラダラとよだれが大量に出、終わりに先生が、「サァ歩いて帰りなさい」とおっしゃると、本当に歩いて帰れたといった、驚くようなことは数限りなくあったそうです。

先生の教えとして遺されていることの中からいくつか記します。特に厳しく教えられたことは『**大宇宙の自然法則と、小宇宙である自分との精神が常に統一され、一体とならなければならない**』ということでした。神人一体の理、宇宙即我・我即宇宙ということを教えられました。

また、「この真理を自分のものとして確信を持つならば、自然、言動も、修練の如何によっては、自分と宇宙は一体となり、自然に絶対、無限の作用を現すことができる。これが即ち、人間本来の姿である」と教えておられます。

レイキは現在一般に4つの段階に分かれて教えられていますが、当時は初伝、奥伝(前期・後期)、神秘伝の3段階に分かれていました。

また東京以外の各地で行なわれる講習会は**毎日2時間前後、5日間連続**で行なわれました。最初の5日間の講習で初伝が伝授されました。これは臼井先生、牛田先生から和波先生まで同じ講習スタイルだったようです(時代背景と交通事情を考えると東京以外の地区では臼井先生がご巡歴される際、各地区に５日間滞在されて集中的に伝授されるスタイルをお取りにならざるを得なかったと思われます。臼井靈氣療法学会の先代・小山君子会長は東京地区で月４回、毎週のように勉強会を行なわれていらっしゃいました。可能性として臼井先生も東京もしくは関東近県においては５日間連続という集中講座スタイルではなく、毎週１回とか月に何回とか、定期的に通う方々にご指導されるスタイルだったかもしれません)。

直接の門下生は2,000名余りとされていますが、先生の後、学会を継がれた牛田先生をはじめ、師範に命じられた19名の先生方と門下生の中から分派独立された先生方のご活躍で、靈氣は一世を風靡するまでになりました。因みに門下生の中から分派独立して、大きな影響力を持たれた主な先生並びに系列の先生方のお名前を列記すると、「手のひら療治」を創唱された江口俊博先生、三井甲之先生。一燈園の鈴木五郎先生。林忠次郎先生門下の松居松翁先生。富田流の富田魁二先生等にも及び、**昭和初期にはこれらの先生方の影響力も加えると信奉者100万人以上**（足助次郎著「手当療法」昭和55年・大盛堂・絶版）とまで言われていました。一説には石井常造陸軍少将の生氣術、生長の家、西式健康法の西勝造先生にも影響を与えられたとされる説まであります。

**「後継者の備えあれば、憂いなし」**

さて臼井先生が若くしてお亡くなりになったのを惜しまれる方が多くいらっしゃることと思います。当然のことだと思います。しかしながら臼井先生は天命をご存じだったのだと思います。ここで天命とは長く寿命を保つということではなく、天から与えられた命を十分に果たすという意味で使っています。

先生は３回目の脳溢血で倒れられご逝去されました。２回目まではご自身で癒されたというのです。普通でしたら、２回も倒れられたら身体をご養生されたことでしょう。また側近の人たちにとってみたらかけがえのない、生き神様のようなお方でしたから、ご養生されるように進言された方々も多々いらっしゃったことでしょう。でも推測するに、先生は側近の方々の静止を振りほどいて、旅を続けられたのだと思います。日本全国で癒されること、そして周囲の人々に少しでも貢献したいがために、癒しの技術と能力を身に付けたいと先生を待っている人々が多数いらっしゃる中、止むに止まれぬお氣持ちだったのではないかと思います。現代のような交通事情ではありません。全国行脚は文字通り身を削るような大変なことだったことと思います。それを考えますと東京の道場に来られる方々だけをお待ちしていれば宜しいようにも思いますが、慈愛の心から自分の身を案ずるよりも必要とされる方々に少しでもお役に立ちたいというお氣持ちだったのだと思います。そして命を永らえるよりもその一瞬一瞬の命を輝かせることに重きを置かれたことと思います。

命を賭けてレイキの実践の道を示された臼井先生を肇祖に仰ぐことができるのは、むしろ我々レイキ実践者にとって誇りとするべきことではないでしょうか。だからこそ後継者の先生方の心に熱い火を灯し、この21世紀にまでレイキが受け継がれてきたとも言えるのではないでしょうか。

臼井先生はまさしく与えられた運命を生ききり、使命を精一杯果たし終えて、天寿を全うされたのでした。「後継者の備えあれば、憂いなし」というお言葉に天から与えられた使命を生ききった清々《すがすが》しささえ感じるのは私だけではないでしょう。

先生は次のようなお言葉を遺されています。「一つだけ、霊氣でも、医薬でも、神仏の祈禱でも治らない病氣がある、それは寿命の尽きた時である。すなわち、人の生命には大人、子供の別なく限界がある、これは自然の摂理であり、人間の寿命であるから、何とも致し方はない、しかし、その人の寿命とわかったときは、なおさら最後の最後まで、万全を尽して親切に真剣に治療をしなさい。そうすれば、どんな苦病の人でも、実に安らかな往生のできることは確実であるから努めて、実行せよ」と教訓をしておられます。

〈一年の計は穀を樹うるに如《し》くなし。十年の計は木を樹うるに如くなし。終身の計は人を樹うるに如くなし〉という言葉があります。「一年の計画を立てるのだったら、穀物の種を蒔きなさい。十年の計画を立てるなら、山に木を植えなさい。しかし、生涯を考えて計画を立てるとか、人類百年、千年の大計を思うなら、人材を育てなさい」という内容です。

臼井先生のご奉仕の姿を拝見し、後進の方々が意氣に感じて動き出されたことと思います。その伝統が受け継がれ、世界中でレイキ実践者が自分を癒し、家族を癒し、それがひいては世界の癒しへと繋がることを夢見て活動しています。レイキは臼井先生を通じて宇宙から与えられた贈り物です。それと同時に子孫からの預り物でもあることを感じます。

**第二代会長、牛田従三郎先生**（海軍少将［1865〜1935］）は臼井先生から、「霊氣療法は、精神修養で、人格によって、病氣を治すものだから」と繰り返し話されたそうで、数多くの立派な弟子を養成されました。牛田先生はまた、書を能くされ、「臼井先生功徳之碑」の文字は先生の手になったものです（因みにその碑文を起草された岡田正之文学博士は当時の著名な学者のお一人でした。このことも当時の臼井先生並びに靈氣が知識層に受け入れられていた一つの証と言えましょう）。

手当療法の研究家でサイ科学の重鎮・佐々木浩一先生によりますと、「牛田先生が人脈的、社会的に臼井先生を大いにバックアップされた」のも靈氣が戦前日本で大いに広がった理由の一つとおっしゃっています。

**第三代会長、武富咸《かん》一先生**（海軍少将［1878〜1960.12.6］）は、霊示と診断（※p.148）がお上手で、勉強会のおりなど、先生の呼氣で、50人位の会員の手が動き、霊示の勉強の効果をあげ、先生の肩に会員の一人が手を当て、その人の肩に次の人が…といったふうに

第二代会長　牛田従三郎先生

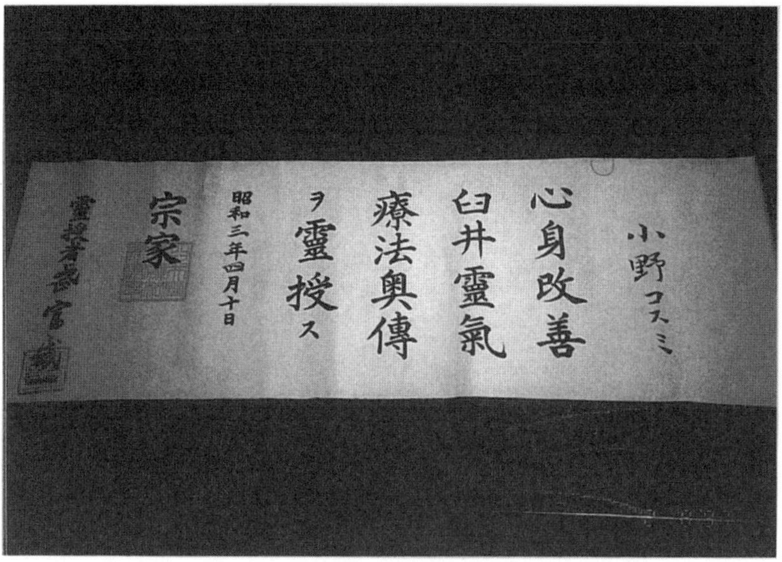


第三代会長　武富咸一先生発行の目録（巻物）

一列になると、先生が「これがお霊氣ですよ」とおっしゃりながら、強い霊氣をお送り下さったそうです。霊氣を感得し、治療(※p.148)に当たっては、霊示が大切なことをお教え下さったそうです。ひどい自家中毒のお子さんを、これはお腹の病氣ではなく、疲労からと見立て、背骨の治療で治され、診断の大事なことを教えられたり、犯罪が起きた時、疑わしい人の名前を並べて、手の止まった人が犯人である、またよいことも手の止まったところが…といったこともお教え下さったそうです。戦争中、京都に疎開しておられましたが、戦後再び上京され、井の頭の般若道場で勉強会を開いておられました。

**第四代会長、渡辺義治先生**（哲学者、高岡高等商業学校教授［？～1960.12]）は治療が非常にすぐれておられ、高岡高商の先生をしておられた時など、溺死状態の生徒を蘇生させたり、会員のお子さんの、医師も見離した疫痢を治され(丹田治療を30分)、多大な感謝を受けられたそうです。戦後は本部で、会の代表者として、会員の指導に当たられました。
　奥様も渡辺先生とご一緒に勉強され、よく治療をなされました。

**第五代会長、和波豊一《ほういち》先生**（海軍中将［1883〜1975.1.2］）は温容そのものといった方で、いつもにこやかで、ご交際も広く、あちこちに靈氣療法を紹介されました。高齢になられてからは、その方がたの治療を、第六代会長・小山先生に願われたそうです。健康、とくに老人の健康維持について、よく勉強され、各方面で講演もなされました。そして90歳の時でも、富士山に登頂されたほどお元氣でいらっしゃいました。
　先生は昭和30年代半ばから40年代前半まで、全国の各支部に出向かれ指導されたことにより、活発に活動された支部がいくつもありました。三根先生からお見せ頂いた寄せ書きには「吾唯足るを知る」と揮毫されています。（p.178参照）

**第六代会長、小山君子先生**［1906〜1999］の元では月４度の勉強会が開かれていました。先生の優れたお教えとご人格を慕い、会員数も600名を超える程に多数となり、支部も13を数え、支部会員数も250名に達するようになりました。
　小山先生は会報、並びにご著書（非売品）で貴重なご文章をお遺しになっていらっしゃいます。

**第七代会長、近藤正毅先生**が1998年に会長に就任され、現在に至っています。
（尚、臼井靈氣療法学会への入会は会員の紹介がないと難しく、ご連絡先等は私共ではお知らせできません）

　その他の主な先生方を記します。
**林忠次郎先生**（海軍大佐［1879〜1940.5.11］）は臼井先生が任命

五戒（林忠次郎先生・書）と御製百首（林靈氣研究会）

された19名の師範のお一人です。治療に優れ、信濃町にあった広い道場では8台ほどのベッドがいつも満杯で、とくに梨園（歌舞伎や劇団関係）の方がたが多く見えたそうです。またお弟子さんの養成もされ、その一人に、靈氣の普及にも大いに貢献された著名な劇作家・松居松翁先生もいます。

紙面の都合で詳細は省きますが、第1章で示しましたように林先生のご活躍により、ハワヨ・カワムラ・高田先生によって世界中にレイキが広がって行きました。

尚、林先生が1937年10月から翌2月まで5ヶ月近くハワイに滞在された間に、実に350名の会員が誕生し、ハワイの日系人向けの新聞にも大きく取り上げられました。

三根梅太郎先生

**三根梅太郎先生**（1865〜1934.6.22）は臼井先生から任命された19名の師範のお一人。関西方面でご活躍。臼井先生亡き後、牛田従三郎先生が関西にお越しになり、三根先生が助手としてご活躍。小豆島、和歌山、箕島でも依頼を受けて開会されていました。須磨では財産家の方が一族で入門するから自宅で会を開いて欲しいと言われ、その方の家を会場にしたり、箕島でもみかん山の持ち主が5日間の講習期間中、三根先生のご宿泊の世話をし、座敷を開放してたくさんの会員のために尽くされました。このように多くの共鳴者をお持ちになられました。奥様は三根伊真枝先生。

**今泉哲太郎先生**（海軍少将）は本部で指導に当たられるかたわら、武富先生の代理として、地方へも出張され、ご指導されました。

**磯田四郎先生**（神戸市立第三神港校長）は牛田先生の許に入門され、のち臼井先生にも学ばれ、広島、京都、須磨の支部長をなさいました。科学者でしたので、霊氣療法についても科学的に考えていらっしゃったそうです。奥様も治療がお上手でいらっしゃいました。

**三根伊真枝先生（音楽家）**は前出・三根梅太郎先生の奥様。自伝「九十年の歩み」(昭和42年10月10日発行)には、臼井先生から直接学ばれた師範の数、その師範の伝授を受けた正確な日等、とても貴重な情報が掲載されています。兵庫県須磨で支部をもたれ、多くの方の治療をなされ、103歳というご高齢までご活躍されました。

**小川二三男《ふみお》先生**（1908〜1998）は「靈気は誰にも出る」（私家制版、1991年８月発行）を発行。雑誌「トワイライト・ゾーン」（1986年４月号）の取材を受け、その記事の影響もあり、伝統靈氣をお伝えするお一人としてご活躍されました。私も数回に渡り、ご指導頂き、直接靈授もして頂くと共に霊授会を開いて頂いたこともあります。靈氣はお父様の小川馨造《こうぞう》先生から若くして指導を受けられました。小川馨造先生も師範のお一人で、治療についての逸話を多く残されています。

以上、公表しても問題ないと思われることをご関係者のご協力により記しました。しかし、記述に誤りがありましたり、不適切な表現がございましたらどうぞお許し頂くと共にご指摘頂ければ嬉しく思います。また関係者の方々並びにその他の情報をお持ちの方がいらっしゃいましたらどうぞお教え頂きますようお願い申し上げます（※この章で使いました「治療」「診断」という表現は大正・昭和初期の一般的用語として伝承されてきた言葉をそのまま使用しています。現在は「治療」「診断」共に医療行為ですので、医師等の国家資格をお持ちでない方はこの言葉は使えません。その方々はレイキを実践される際に「治療」行為や「診断」行為（病名を付けること等）を行ったり、「治療」「診断」という言葉を使うことは厳に慎んで頂きたいと思います。受け手が自己治癒能力を発揮するための援助を主目的として、レイキを実践していきましょう）。

## レイキのアチューンメントとは何か？

**レイキがこの20年程で世界中を席捲した秘密はこのアチューンメントにあります。**このアチューンメントについてご紹介していきましょう。

臼井先生が鞍馬山で断食瞑想修業中にレイキを感得し、手を触れる周りの人に次々と奇跡的な浄化や治癒が起こりました。そして関東大震災を経て、臼井先生はこの力を他の人に伝えられないかと考えるようになりました。そして現在伝えられている方法がアチューンメントと呼ばれる方法です。**アチューンメントは神聖なエネルギー伝授の方法です。受けた人はレイキのエネルギーと同調（アチューンメント）することができるようになります。**レイキのエネルギーと繋がるための精神的な加入儀式でもあります。ティーチャーはアチューンメントを受ける人を高次元の意識とヒーリングエネルギーの無制限の源に繋げることを行ないます。このアチューンメントはレイキのチャンネル（回路、通路）になるためにあなたのエネルギー・センターを開いていきます。例えば、頭頂のチャクラ（ヨガで呼ぶところの体にある主要な7つのエネルギー・センター）やハート・チャクラ、手の平のエネルギー・センター等を開きます。レイキは最も高い精神的源から直接もたらされる贈り物です。

この素晴らしいところはアチューンメントを受けるのに、その人の精神的成長、靈的浄化を必須条件としないところにもあります。アチューンメントが確実に作用するのに、精神的レベルや靈的ステージが飛び抜けて高くなければならないということもありません。ですから多くの人がレイキを受講でき、望めばティーチャーへの道も進んでいくことができます。

「アチューンメント」はラジオや楽器の「チューニング」と同類語です。宇宙エネルギーと波長を合わせ、そのエネルギーを受信することができることを指します。

私共のレイキセミナーでは、アチューンメントの質を重視するため、アチューンメントの標準時間を一回10分程度として指導しています。ファースト・ディグリーではそれが4回ですから、各人40分のアチューンメントをティーチャーから個別に受けることになります。

# ハンド・パワー自己開発法

レイキは指導者によるアチューンメントを受けなければ、その恩恵に預かれないとされています。

しかし、ことハンド・パワー（レイキで獲得できる能力の一部ですが）については「手当て」という言葉があるように、人類発生以来、DNAに組み込まれている能力と言っても過言ではないでしょう。人類は潜在的に癒しの力を備えています。ただ潜在的な能力ですので、それを開発しなければなりません（レイキのアチューンメントは本人の資質に関係無く、誰もがカンタンに癒しの力[ハンド・パワー］が身に付くだけでなく、宇宙のホスト・コンピューターとも繋がる方法です)。

そこで、一定の方式に従った訓練や修行によるハンド・パワー自己開発法が考えられました。

ここでは昭和初期に臼井靈氣療法の流れを汲む冨田魁二先生が示した方法を現代風にアレンジしてお伝えしましょう（詳しくお知りになりたい方は「靈氣と仁術・冨田流手あて療法」［BABジャパン］をお読み下さい)。この方法は４つの部分に分かれています。

１）静座、２）合掌、３）浄心法、４）発霊法です。

１）静座

まず座って心身の統一を図ります。最初は静かな場所を選ぶか、心地良いリラックスできる音楽をバックに流し、行ないます。

静座の際の注意点。

①正座（片膝座禅でも可）し、お腹（丹田）を圧迫しないように座る。正座の時は両膝頭を少し開きます。

②脊椎はなるべく垂直にするのが良いとされています。それが長い静座に耐えられる姿勢です。ただし無理に垂直にする必要はありません。

③開眼では雑念を招き氣が散りやすいので、これを防ぐため瞑目します（目をつぶる)。

(昭和初期は正座を行なうのが日本人にとって自然な姿勢でした。しかし、現代人は正座を30分するのもとても大変で、次の浄心どころではありません。そこで椅子に腰掛けて行なってもよいでしょう)

２）合掌

静座したら次に合掌に移ります。合掌の目的は心の力を手のひらに集結させることにあります。肩と肘に力を入れないように両手を合わせます。肩は下方に下げる氣持ちで、肘は両脇下に接して合掌を支え、五指は揃えて両掌を軽く接着し、掌内に真綿を挟んだ氣持ちになる（肘を心臓より高く保ち合掌をする、いわゆる高合掌を推奨するやり方もたくさんありますが、冨田流では肘は両脇下でかまいません)。

3）浄心法

静座合掌の姿勢ができたら、浄心法と言って、一層精神を清浄にし、統一するために明治天皇の御製《ぎょせい》（和歌）を一首奉読し（心の中で)、この御製にあらわれた大御心に自分の心を照らして体現するよう努める、として明治天皇の御製がいくつか紹介されています。

・いかならん事にあひてもたゆまぬは
　　　　　　　　わがしきしまのやまとだましい
・あさみどりすみわたりたるおほそらの
　　　　　　　　広きををのがこころともがな

時代背景もあり、明治天皇を仰ぐことが自然な時代でのことですから、御製が紹介されています。現代人の場合は、それに代わる心を浄めるのにふさわしい言葉やイメージを適用してもかまわないでしょう。例えば、臼井先生の五戒の言葉を唱えてもよいでしょう。

4）発霊

以上のように静座、合掌、浄心に心がければ、心は自然に清くなり、合掌している掌に温熱が湧き出してきます。これを冨田先生は「霊熱」と名付けられています。さらに心身の調和が得られるにつれ、軽く電波のようなもの（「霊波」と名付けられている）がピリピリピリピリと掌に感じられてくるようになります。この霊熱と霊波との合体がこの療法の主体となる霊氣の発動である、とされています。この感じが最初は弱くても、静座を重ねるにしたがって、段々強く感ずるようになってきます。その感覚をつかむために静座の終わり頃、合掌している手を静座氣分を乱すことなく、左右に数センチ徐々に開いたり、閉じたりするとピリピリしたり、両手が吸い付けられるような感じがしてくるのがわかるでしょう。

そしてこの感覚は心身が調和すればするほど敏感となり、心身の調和が乱れると消失する性質があります。

静座では心身の調和をはかるため、丹田に心を置きます。また何事に遭遇しても乱されないように調和の力を求めねばなりません。心身の調和力が整ってくれば、合掌によるエネルギーの流れも、それにつれて増加して来ますから、この心身状態を自分で練るのが静座の修養です。

一回の静座の時間は一時間が適当としています。しかし、座ることに馴れていない人にはとても無理ですから段々馴れるに従って、時間を延長していくのがよいでしょう。初日は30分から始めて10分ずつ延長していくのもよいでしょう。**最初この修養を始めたら、5〜7日連続するのがよいとされています。不連続的に思い出したように静座するのは効果が薄い**と冨田先生は説かれています。

あなたが事情によりアチューンメントをすぐにはお受けになれないなら、試されたらいかがでしょうか？　またアチューンメントをお受けになるまで待ちきれないという方もこの方法を実践し、その後アチューンメントを受けてどのようにエネルギーが変わるか、試されるのも興味深いことでしょう。

## 目を見張るレイキ・マラソンの効果

ここでレイキの中でも特に即効性の高いテクニックを一つお伝えしましょう。それは**「レイキ・マラソン」**と呼ばれるものです。これには二つの方法があります。

1）数人のレイキ・プラクティショナー（実践者）が交替で長時間一人の人をヒーリングし続けることを言います。アメリカでは52時間に渡ってエイズや癌の人に数人でレイキを行なったという記録があります。これは「トワイライト・ゾーン」（1984年10月号）

という雑誌に掲載された「手をかざすだけで万病が完治」という記事の中に紹介されたものですが、ニューヨークでレイキ・プラクティショナーとして活躍する歌手でもあるジョセフ・ポーター氏は「エイズが世界中で騒がれていた頃、患者にレイキ・マラソンをしました。マラソンは通常3～4時間、数人が同時に患者をヒーリングするので、その効果は大変大きいのです。この患者は52時間のレイキ・マラソンを受けましたが、その後かかりつけの医師に血液検査をしてもらったところ、エイズの症状が全くなくなったばかりか、かつて彼が患った病の痕跡もすっかり消滅していました」とあります。あなたが健康だとしても、「レイキ・マラソン」を受けている間の氣持ち良さ、心地良さといったらありません。

2）また、一人の人に数人のレイキ・プラクティショナーが同時にヒーリングをすることも「レイキ・マラソン」と言います。この場合のパワーは一説には人数の二乗倍になるとまで言われる程の素晴らしさです。この数字には多少誇張があるかもしれませんが、人数以上の力が注がれるように感じることは体験すればわかります。

ところで昭和初期、日本で手当療法全盛の時代に行なわれた「レイキ・マラソン」のバリエーションをご紹介したいと思います。それは「綜統《そうとう》治療」と呼ばれていました。私たちは今「綜統ヒーリング」と呼んでいます。

この方法を昭和初期にご紹介された三井甲之先生は次のように解説しています（p.92参照）。「総統治療。江口鎮白先生（漫画で手を当てている指導者の名前）は右手を患者の腹部に、左手を隣の夫人の手につなぎ、一坐12人の心と身体とは手によってつながれつつ、一患者にその綜合生命線をそそぐ。**その効力は12人の手の力の総和以上のあるものを創成増長せしむる**ことは心理学的法則なり」（三井甲之「手のひら療治」昭和5年・アルス出版・絶版）と書かれています。因みに三井先生は「手のひら療治」創唱者・江口俊博先生の弟子にあたり、歌人として著名で「手のひら療治」普及に大いに貢献しました。江口先生は臼井先生の門下生で、後に独立された先生です。

総統ヒーリングとは別に、受け手（ヒーリー）の特定個所に手のひらを次々に重ねる方法も昭和初期には活用されました。受け手のヒーリングして欲しい部分にメイン・ヒーラー一人が手を当てます。別のヒーラーはメイン・ヒーラーの手の甲の上に掌を次々に重ねます。これを「誠を重ねる」ことだと宮崎五郎先生は言い、「どうぞ治って頂きたいという誠を重ねている」のです（「手　その奇蹟」）が、これも効果的な方法として紹介しておきましょう。

## 短期速習から氣が付いたら鍛錬へ

剣聖・宮本武蔵は「千日の訓練を鍛と呼び、万日の訓練を錬と呼ぶ」と言ったそうです。その言葉には求道者、実践者にしか語れない重みがあります。しかしながら、最初から千日、万日の鍛錬を続けなさいと言われたら、それだけで私を含めた現代人のほとんどが怯んでしまい、一歩踏み出す前に諦めてしまうのではないでしょうか。レイキに関しては、鍛錬の大変さだけが頭をよぎり、近づこうとすらしない方がいては余りにももったいないと思います。

最初はたった１、２日で使える、楽しめるとわかれば、誰でもそれなら始めようと思いますね。そしてレイキは１、２日学べば、すぐ実践できますし、実践すれば、それだけの効果が現れます。しかも、10日ならば10日の、そして３ヶ月、１年さらには３年(鍛)、10年、30年(錬)、50年と実践すれば実践するだけの味わいが得られます。最初は氣軽な感じではじめたものが、とても面白く、氣持ち良いので、氣が付いたら３年も10年も取組むようになった、というようなことが比較的カンタンにおこります。そうすれば、その間には自然にレイキに導かれ、その人の人格・風格も磨かれるよう導いてくれることでしょう（もちろん、１日、２日の効果は、何十年もレイキを実践されている方々から見たら、取るに足らない１歩にしか過ぎず、レイキの真髄には程遠いかもしれませんが…)。

ここで強調しておきたかったのは、レイキはその人が実践される程度に応じて応えてくれる忙しい現代人向きの手法であると共に、探求すれば探求するほど、味わい深い方法だということです。

（本書のタイトル「超カンタン　癒しの手」には手軽さだけを印象付けてしまって、レイキの本質や深さが込められていないと眉をひそめる方がいらっしゃるかもしれません。そのあたりを勘案しなかったわけではありませんが、「特殊な人しかできない」「長い時間かけなければ効果など出るものではない」という固定観念を払拭し、「誰でもカンタンに身に付けられる」ということをお伝えし、氣軽にスタートして頂きたいと思い、思い切って名づけました。それがきっかけとなってやがて多くの方々がレイキの奥深さに氣付き、探求し、幸せの輪が広がることを願って止みません)

# 第５章　レイキから学ぶ

本章はレイキやその他の癒しに触れる中で学んだことの一部をまとめたものです（なお、多くはヴォルテックス発行のメールマガジン「感動と癒しの最前線」、並びにＦＡＸ通信「ヴォルテックス通信」で発表したものです。愛読ご希望者はヴォルテックスまでお問い合わせください）。

## どこにいて、何していても、神の中

「世の中で起こることに偶然はない」と言われます。つまり起こることは全て必然であり、大いなる宇宙の意志の元に起こっているというのです。それもベストのことが起こっていると。

しかし、とてもベストとは思えないような、つらい、悲しいことが予想もしない時に起こったりしますね。

それでも観る目があり、聴く耳があり、感ずるハートさえあれば、つらく悲しいことも宇宙の愛の表現方法であることがわかります。子供が何か危険を犯した時に親や先生が注意したり、時には叱ってくれるように、失敗や病氣などでやさしく警告してくれているのかもしれません。時にはわざわざあなたに嫌われるのを承知で悪役を買ってでてくれる人さえ現れて、厳しいメッセージと共に、氣付きをプレゼントしてくれることもあります。

確かに失敗や病氣等は辛いことです。でもそこから、宇宙が伝えたいことは何か、しっかりと受け止め、軌道修正していけば、人生がさらに味わい深いものになりますね。

人は生まれながらに光り輝く存在です。あなたが今、どこにいても、何をしていても、どんな状況で過ごしていても、常に光と共にいるように、あなたの目の前の人も光と共にいます。誰一人として光から離れた人はいません。光であるものが光以外の本質になることはできません。でも光の本質を忘れてしまうことがあります。そんな時に、思い出させてくれる道しるべになるものがあります。それは感動と情熱です。

情熱（エンシュージアズム）という言葉はギリシャ語のエン・テオス、すなわち「神とひとつである」「神の息吹を受けて」という意味から来ているそうです。情熱を持っている時、ワクワクしている時、それは神のエネルギーと一体となっている状態なのです（神という言葉を宇宙、根源の光、生命エネルギーなどと読み替えても良いでしょう）。そして出会うことの、出会う人の本質（光）を認め、鏡のように自分の中の本質（光）を観ることが簡単になります。

また古神道の氣鋭の研究家・山田雅晴先生は**「感動は『神動《かんどう》』であり、『神働《かんどう》』である」**とおっしゃっています。「感動に神動《うご》き、神働《はたら》く」のです。感動のあるところ、自然にあなたの本質が光り輝いてきます。

レイキの第４シンボル（サード・ディグリー）で私が学んだことの一つが以上のことです。第４シンボルを学ぶことが必須というわけではありませんが、それを学ぶことにより、レイキの10大特徴の一つ「あなたの本質を光り輝かせることが可能」となっていきます。

宇宙を信頼して今日一日を楽しみましょう。そして大切だと思うことを確実に実践していきましょう。そうすれば、光があなたを導いてくれるでしょう。

# 幸せを招く８つの氣と三感四恩

元
陽
やる
本
根
勇
人・運
靈
氣


肉体的には**元氣**

精神的には**陽氣**で前向き

何事にも**やる氣**をもって

**本氣**で取り組み

**根氣**よく続け

**勇氣**を持って進めば

**運氣・人氣**が自然に高まり

**仕事も順調、家庭も円満、幸せに満ち溢れてきます**

**そんな人生を靈氣（レイキ）等を通じて実現しようというのが私達の願いです**

（もちろんレイキ以外にも素晴らしい道・法・術・人物との出会いで既に実現している読者が多いことでしょうが…）

**そこに「三感四恩」と言うエネルギー源が加わることによって桁違いの氣・エネルギーが生まれてきます。**

**「三感」とは**　「感動・感激・感謝」

**「四恩」とは**　「親・先祖」に対する恩，
「人」に対する恩，
「万物」に対する恩，
「宇宙・大自然」に対する恩です

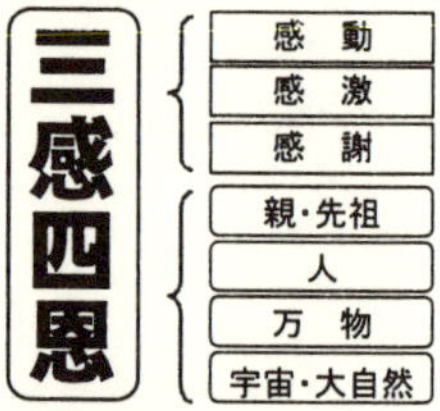

三感四恩
感動
感激
感謝
親・先祖
人
万物
宇宙・大自然


**（大塚徹先生の言葉を一部アレンジ）**

**【喜び・感激】** 4歳の子供は1日に300回も（2，3分に1回）笑ったり、喜んだりするそうです。また子供は毎日のようにちょっとしたことにも感激しますね。それが若さの秘訣

**【感謝】**「幸せだから感謝するのではない、感謝するから幸せなのだ」。周りにあるありがたいこと（四恩）を数え上げたら幸せの真っ只中にいることがわかりますね。そして今までず～っと居たことが。だからこれからもず～っと幸せの中

**【感動】** 人育ての名人吉田松陰。たった数回会っただけで凡人を人材（財）・国の宝に変えてしまった。その数80名余り中で3名だけほとんど影響を受けなかった。知的に低かったわけではなく、ただ感動・感激する才能がなかったそうです。能力開発に15年余り関わった結論は「感動・感謝・感激に勝る能力なし」です。瑞々しい感性を持った人生三感王（三冠王）を私は目指しています

■出会う人　奇跡の連続　福の神

遺伝子工学の権威・**村上和雄先生**から伺った凄い話。生物に生まれる確率は「一億円の宝くじ」が「一万回・連続」で当たる確率（遺伝子工学の権威・木村資生博士）です。それも人に生まれ、この劇的で楽しい記念すべき時代に生まれ、しかも日本人に生まれ、出会い、互いに感動を分かち合うことができる確率は奇蹟としか言いようがありません。

皆様との「出会いは奇跡」「出会いは喜び」です。心より感謝申し上げます。ヴォルテックスは感動を発信し、与え続ける企業（氣業）でありたいと思っております。

Ⓒ望月　俊孝

また、四恩については「霊気療法のしおり」（心身改善臼井霊気療法学会編、昭和49年９月　和波豊一・第五代会長発行）にも以下のような記述があります。

「私たちは大宇宙の中に生かされております。従って共に助け合い、修養し合っていかなければ、この社会での生活は成り立ちません。

どんな金持や地位の高いと思っている人でも、他人の協力があってこそなのです。

この相互協力にも、また感謝すべきです。古来神《かん》ながらの道では

太陽の日の光の恩
月の水の恩
大地の恵みの恩

を教えております。

仏教では、

国の恩
父母（先祖）の恩
師友の恩
社会の恩

の四恩を教えております。

物質文明の世で、科学が進歩すればするほど

「俺が（私が）やったのだ」

式の増上慢が多くなりがちで、結局、世の中がますます殺伐として来るのです。

生かされているすべてのものは、大自然の力に感謝し、周囲に感謝しながら、一歩報謝の行にまで自己が高められ、深められた時にはじめて、国家・社会・世界の平和・家庭の幸福と繁栄が得られ、同時に自己の限りない発展が得られるのです。

人間は、大自然から救われ放しなのです。感謝の念を常に持つように心掛けましょう」（因みにここで「太陽の日の光の恩」「月の水の恩」「大地の恵みの恩」と記されていらっしゃいますが、それぞれレイキの第３シンボル、第２シンボル、第１シンボルを象徴してお

ります）

## 意識は拡大レンズ。焦点を合わせたものを拡大し、人生に引き寄せる

アチューンメントを受けた人はレイキのチャンネルとなり、自然にレイキが流れることを体験します（百聞は一見に如かず。百見は一度の実体験に如かず）。しかし、レイキにチャンネルを合わせたことがない人にとっては全く信じ難いことかもしれません。でもレイキの話を聞いたり、本書を読んだりして、とにかく確かめてだけみようと行動を起こされレイキを体験頂くと、ほぼ100％の人が納得し、多くの人が感動してくださいます（誇大表現のように感じるかもしれませんが、事実です）。

さて、チャンネルを合わせることによって体験することができるのはレイキに限ったことではありません。**あなたは、たくさんの放送局を受信できるテレビやラジオのようなものです。あなたが意識のチャンネルを合わせたものが現実に目にし、耳にすることができるものです。テレビのように一瞬にして、映像が（現実に）現れてくることは少ないかもしれませんが、適切な時間の経過があれば、ほとんどのことは目の前に現れてきます。**しかも21世紀はますますその現実化の波がスピード・アップしてきています（もちろん種を蒔いて実がなるまでには時間を必要としますし、シナリオから逸れると現実化しないこともありますが…）。

ところで、どこからその電波はやってくるのでしょうか？　隣の人からもやってきますし、**宇宙というホスト・コンピューターからも無数の電波が届けられています。**

ポイントはその無数の電波の中からあなたがどこにチャンネルを合わせるか、何に注意を向けているかですね。**あなたが意識を向けるものはすべて、あなたの人生の中で大きく成長します。あなたの人生の中で占める比率が増えてきます。意識は現実を拡大して見せ**

**るレンズです。**

あなたにとって必要なことは、手に入れたいことや体験したいことにチャンネルやダイヤルを合わせることです。たとえ最初は画像が鮮明でなくても、チャンネルを合わせ続けることです。今まで長年「悲劇のヒロイン」ばかりを映す番組にチャンネルを合わせてきた人にとっては、「幸せいっぱいのヒロイン」がしっかりと見えてくるまでには時間が多少かかるかもしれません。でもあなたがチャンネルを「幸せいっぱいのヒロイン」に合わせていれば、やがて現実にすることができます。逆にそれが小さな心の中に芽生えたものであっても意識のチャンネルを合わせ、愛という名の水をやり、情熱という名の太陽の光を注いでいけば、どんどん成長していきます。ちょっとの時間、チャンネルを合わせただけで、現実化しないからといって諦めないで下さい。もしそれがあなたにとって必要なことならば、そのようにシナリオを書いてきていますので、やがて必ず実現します。

## 1億分の1の確率に振り回されていませんか？

ここで私たちが「今、この瞬間が幸せ」と感じるために重要なポイントを一つ。今、世の中は悲惨と思われる事件が頻発しているように見えます。このまま行くと日本はどうなってしまうのだろう？　世界はどうなってしまうのだろうか？　と心配してしまうのも無理無いことかもしれません。

でもひょっとしたら新聞やテレビ・ラジオは悲惨な事件を大きくクローズ・アップしているだけかもしれません。その方が視聴者の目を惹きつけるのでしょう、きっと。その結果、テレビにしろ、映画にしろ、ゲームにしろ、残虐な暴力的な話題がかなり多くなっています。それを見た人たちが影響を受けないわけがないですね。チャンネルを合わせているのですから…。

今、世間を騒がせている17歳ですが、あなたの隣にいる17歳はどうですか？

44歳の私から見ると、27年前の17歳と今の17歳と比べたらカッコウや言動が多少奇妙に思えます。でも当時も世の中に暴走族と呼ばれる集団が生まれ、私の父世代から見ると「最近の若者は…」と言われていました。でもこの「最近の若者は」というフレーズですが、古代ギリシャでも書き残されていたそうです。

さて、今、いろいろ問題を起こす人々がいます。でもそれは昔もあったことです(形は違うでしょうが)。当たり前のことですが、問題を起こしている人は１億人のほんの一握りです。パンタ笛吹さんが言いました。「カレー事件、サカキバラ事件等を見ると日本はどうなってしまうのだろうか？　と思うけれど、それは、**１億（100,000,000）もいる日本人のほんの１人とか数人が起こしている事件に過ぎない。確率からしたら１％どころか0.000001％のことです」**

そうです。いつの時代にも異常な人はいましたし、異常な事件はありました。その比率は増えているかもしれませんが、それにしてもその数は全体から見たらわずかではないでしょうか。かつてはそんな事件を関係者がひた隠しにして一般にはあまり知られることがなかったのではないでしょうか？　ところが今は変わった事件となればテレビや雑誌が競って注目を集めるためもあって情報を流していきます。時には異常点だけをクローズ・アップして…（マスコミを云々しているのではありません。それらに注目する視聴者がいるからこそそれに応えているのですし、二度とこのような悲惨なことを起こさないために、という願いを込めて報道していることはとても尊いことですから…)。その報道はとても印象に残ります。その結果として人間の異常な部分が必要以上に炙《あぶ》り出されている面もあるように私には見えるのです。

そして重要なことは、それに惑わされてあなたの反応をネガティブに持っていく必要はないということです。問題は増えてきているように見えるかもしれませんが、それでも99%以上の人は誠実に生きようとしているように見えませんか？　人間って素晴らしい、人生ってありがたい、と思って（願って）生きようとしているように見えます。そんな人々に囲まれて生きているにもかかわらず、頭の中は悲惨なことについついチャンネルを合わせて恐怖をあおってしまうのは、とってももったいないことのように思います。

喜びにチャンネルを合わせて心の平安を手に入れるか？　恐怖に目を向けて心の不安をかきたてるのか？　0.000001%に過ぎない確率の情報に振り廻されて（センセーショナルですから）自分の心の平安を奪われることが楽しくないのならば止めることもできます。**悲惨な報道の数十倍、数百倍も多くの、報道されない心暖まる出来事もあなたの周りにはきっと起こっているはずです。**あなたの周りにある幸せに目を向けていきましょう。そしてその幸せ、喜びを確認する機会を拡大していきましょう（もちろん現実にあること、できることを無視して幻想の中で生きなさいといっているのではありません）。

「あなたの見るもの聞くものがあなたを創ります。あなたに影響を与えます」

## 手で触れて、心に触れる

手は言語や発達した脳と共に私たち人間を特徴づけるものです。

文明が進み、科学は人の手に代わる様々な機械や道具を産み出し、「お握り」やお寿司を握ってくれる寿司製造機まで誕生させました。しかし、**どんなに文明が進んでも機械や道具には代わることができないものがあります。それは手を介した人と人との触れ合いです。「手当て」**という言葉があるように、手を当てて癒す、愛情を伝えて元氣を取り戻させる能力は人類が誕生以来400〜500万年に渡って培ってきたもので、DNAに深く刻み込まれているものです。

古くは医聖・ヒポクラテスも「医者は何よりもマッサージにたけ

ていなければならない」と言っていたそうです。レイキ実践者やヒーリングに関わる方々の間では手を当てて癒すことは自然なことですが、それがこの50年余り、多くの人々に忘れ去られています（ちなみに人が亡くなった時に**「手遅れ」**だったという言葉を使いますが、元々は「手を当てるのが遅れる」ことから生まれた言葉だとも言います）。

ところで本書のマンガの主人公にもなっている看護婦さんや看病とか看護という言葉の**「看」という字は「手と目」で構成された文字です**。「手を当てて見る」「手をかざして見る」という言葉です。家族や信頼する人がやさしい、いたわりのまなざし（目）を持って、手を触れることはどれだけ、勇氣づけになるかわかりません。目は口程にものを言います。いいえ、時には口以上に…。

## 「一日12回の抱擁」

思い起こせば誰しもこんな経験があるのではないでしょうか？

悲しい時、やさしく、共感しながらあなたの肩を抱きしめてくれたおかあさんのやさしい手は、あなたの心まで暖めてくれました。そしてあなたの悲しみの感情を溶かすことさえできました。怪我をした時、しっかり抱きかかえてくれた逞しいお父さんの手は、怪我は治せなくても、痛みを抑え、心は元氣にしてくれました。そして希望と勇氣を沸き立たせてくれました。

手は人の意識を敏感に反映します。物理的には手で肉体に触れているのですが、意識次第でそしてそれまでの信頼関係一つで、心や魂にも染み渡る愛や思いやりや感動を伝えることも可能です。触れ合いが言葉や顔の表情よりも、はるかに効果的なコミュニケーションになる場合すらあります。

『私たちは生きてゆく為に　　　　　１日　４回の抱擁が必要だ。
　私たちは人間関係の維持の為に　　１日　８回の抱擁が必要だ。

私たちが人間として成長する為に　１日　12回の抱擁が必要だ』
（家族療法の権威バージニア・サターの言葉。日本では抱擁を「触れ合い」と捉えて頂けばよいでしょう）

今日から、身近な人との触れ合いで、お互いに心身共にリフレッシュしてみませんか。そしてあなたの心身にも手を当てていたわる機会を与えてみてはいかがですか？　きっとあなたのためにさらに心身は活躍して下さることでしょう。細胞はきっと認められて喜ぶことでしょう。

## 24時間、年中無休、給料なしで、文句一つ言わずに働いてくれてありがとう

**「24時間、年中無休で、しかも給料なしで80年働いてくれ」**と言われたらどんな恩人の頼みであっても、断るのではないでしょうか。80年は長いとしても、たった１日であってもあなたのためにせっせと文句も言わず一生懸命働いてくれる人がいたら、できるだけの謝礼や給料を支払いたいし、その働きぶりにはもう感謝しないではいられませんね。ところであなたのために一生懸命働いてくれているにもかかわらず、注目されない、その上ちょっとでも働きが悪いと文句ばかり言われている存在がいます。これでは仮に菩薩様のような存在でもいずれ愛想をつかしてしまいかねません。

そうです、あなたの肉体は、そして細胞一つ一つは、あなたのために何も求めず、働いてくれています。ヒーリング・セミナーで評判の天《あ》間《ま》地《ち》遊《ゆう》人《と》さんが言います。「心臓さん、肝臓さん、胃腸さん、○○さん、24時間365日○年間、文句一つ言わず私のために働いてくれてありがとう。お蔭で今日も元氣で楽しい一日です」この話を聞いた時、ハッとしました。どうしてこんな当たり前のことに氣付かなかったのだろうと…。でも多くの人がそうではないでしょうか？

調べてみると同じようなことを実践して効果を上げている人が何人もいます。「二度とない人生だから」「念ずれば花ひらく」等で著

名な国民詩人・坂村眞民先生は毎日「両手両足の菩薩様ありがとうございます。眼耳鼻舌身意の菩薩様ありがとうございます。五臓六腑の菩薩様ありがとうございます」と言って朝を迎えます。それを30歳の頃から始め、弱かった体が元氣となり、今92歳でますます旺盛に詩作活動を続けていらっしゃいます。

レイキで体に触れながら、細胞一つ一つに、そして内臓に感謝していきましょう。

## 毎朝、新生するには？

身体の細胞に感謝するだけでなく、夜寝る前にレイキを行ないながら、愛と感謝したいことを思い出していきましょう。すると心穏やかな眠りにつけるだけでなく、翌朝はスッキリとして全く新生した氣分で生まれ変わることも不可能ではありません(人生の約1/3の時間を占める睡眠を快適に過ごすのにもレイキはとても有効です。そしてその1/3の過ごし方で2/3の目覚めている時間がさらに有意義になります)。

ところで**朝という文字は分解すると「十・日・十・月」と書きますね。十月十日《とつきとうか》？　そうです私たちが母親の胎内で過ごした時間です**（因みに十月十日の間に胎児は地球上の36億年に及ぶ生命の歴史をものすごいスピードで繰り返しています。これも奇蹟ですね)。

これはあなた次第で毎朝、生まれ変わることも可能だということを象徴的に教えてくれているように思います。一晩寝る間に宇宙(母親）の胎内でやさしく育まれ、毎朝、誕生（新生）することができます。しかも、ありがたいのは今までの経験、知恵、人脈等の財産をそのまま受け継いだまま誕生できるのですから…。

夜寝る前に心配を手放し、今日一日のことを感謝し、心身の疲れを全て宇宙に託し、翌朝には新しい誕生を迎えましょう。

臼井先生の五戒「今日丈けは　怒るな　心配すな　感謝して　業を励め　人に親切に」を朝夕（夜）唱えること、意識することの意味深さが少しでもご理解頂けたら嬉しく思います。

五戒を実践することにより全てがあなたに微笑みかけてくれる一日でありますように！

## 「5分間暗示」による潜在意識の活用

**七田教育と呼ばれる革新的な幼児教育・右脳教育をご存じですか？**　実は私は心理学を学んできた関係で、小さいころの親子関係や遭遇した出来事で子供の可能性が大きく花開いたり、逆に閉じたりすることを実感してきています。そして子供にもできる限り納得できる暖かい教育や環境を用意してあげたいと思い、いろいろ調べました。その結果行きついたのが七田教育でした。他にも素晴らしい教育はたくさんあるでしょうが、私が知る限りとても優れた教育、それも愛に基づいた教育です。しかも全国どこに居ても学べる体制が整っているので、これは21世紀を大きく変えうる教育ではないかと私は思っております。

この教育は健常児の情操教育・愛の教育として実績が華々しいわけですが、七田眞《まこと》先生自らがボランティア活動として、障害児の相談にも健常児以上に熱心にのっていらっしゃいます。その成果も目を見張るものがあります。単に才能を開花することに目的があるのではなく、愛の教育の結果として中には天才児が生まれ、多くの子供の右脳（イメージ脳）が開き、大人には信じがたい程の大きな可能性を秘めた人生を子供たちが歩み出しています。

**その教育の基本の一つがやはりスキンシップにあるのです。**先生の理念にとても共鳴し、私たちでも七田先生を定期的にお招きし、講演会を開催させて頂いたり、スタッフ全員で「右脳講座」を6日間に渡ってご指導頂いたりと、交流させて頂いております。

その交流の中から、レイキや触れ合いと密接で、しかもとても効果的な方法をご紹介したいと思います。

「5分間暗示」という七田教育の代表的な手法があります。それを行ないながら就眠時に暗示をすると素晴らしい才能が発揮され、難病等も改善されたというご報告が多数あります。ご承知の通り、潜在意識活用の最適なタイミングが寝入りばな（α《アルファ》波・θ《シータ》波状態になった時）です。ところが一人で行なうには難点がありました。θ波状態では普通眠ってしまって自己暗示を入れられないということでした。それを親子、家族、友人同士（二人）で協力しあって行なうのです。これは私たち大人でも今日から実践して、効果を上げることができます。具体的には

**①寝入りばなに体をやさしくさすりながら語り掛ける**

**②「こうしてなでていると氣持ち良く眠れるよ。○○さん（君）と私は一体です。○○さんは目を覚まさず、私の言うことを聞いています」と言い**

**③「○○さんは今、夢を見ています。あなたの潜在意識は全知全能の宇宙意識とつながっています。したがってあなたの潜在意識は全知全能で、無限の力を持っていて、あなたの望むことを完全に実現できるよ」と言い、**

**④次に具体的に望む内容の暗示を入れて行くのです。**

例えば「あなたには自分の体をきれいにする素晴らしい力がある。アトピーが消え、肌がツルツルになった。よかったね」「あなたには○○する力がある。○○になった。おめでとう」と適当な言葉をかけてあげます。すると体を撫でながらのやさしい言葉で、相手の潜在意識にはっきりとイメージが広がり、効果が出やすくなります。この方法は子供に限らず、大人にも驚くような効果を上げています。能力開発にも願望達成にも使えますが、周りに難病で苦しんでいる方がいらっしゃったら教えて上げてください。1日5分、数週間で様々な効果が期待できます。レイキとの併用でさらなる効果も…。

## 触れ合いの科学的効果。3つの検証

レイキに限らず、触れ合いを実践しますといろんな効果を実感し

て頂けますが、まだそれを意識的に実践したことがない方のために触れ合いの効果を科学的に証明したデータがありますので、お知らせしましょう。

アメリカでレイキやセラピューティックタッチと同様知られていて、医学的にも取り入れられている方法に「タッチセラピー（タッチケア)」という手法があります。これはマイアミ大学のティファニー・フィールド博士が医学的に研究し、低出生体重児のためのケアとして1992年に開発・体系化したものです。今では低出生体重児のためだけではなく健康児にも活用されています。

この研究によって、心理的な効果しかないと思われてきた“ふれあい”が、実は中枢神経に大切な刺激を与えていることがわかり、次のような３つの効果報告がされています。(「愛情たっぷり！タッチケア」光文社)

低体重で生まれてきた赤ちゃんにタッチケアを実施した場合と実施しなかった場合とでは以下のような大きな差が生まれました。

1）タッチケアを実施した場合**１日当たりの体重の増加が平均47%も高まっていた**。その理由として「自律神経系を刺激することで、インスリンなどの成長ホルモンが分泌され、成長が促進されると考えられています」

2）**タッチケアの後はストレスが減って落ち着いた状態になる**。「タッチケアを何週間か続けることで、タッチケア後のコルチゾール量が飛躍的に減少することがわかったそうです。コルチゾールとは重要な免疫細胞を殺してしまうホルモンで、ストレスが多い程多量に分泌されるもの。尿や唾液中のコルチゾール含有量が減少していることから、ストレスが減り、体の免疫機能がアップしていると考えられます」

3）**赤ちゃんの入眠時間が早くなった**。タッチケアを始めて１日目は、入眠まで20分以上かかっていたのが、12日目には10分以下で眠りに入ることができるようになりました。つまり**入眠時間**

**が半分以下**になるという報告です。「タッチケアを続けることで氣持ちが安定して、だんだん寝つきがよくなってくるようです」

数値的、医学的なデータは出ていませんが、同様のことはレイキにもよく起こります。経験者の多くが同様の報告を寄せてくださいます。ましてやレイキのアチューンメントを受け、エネルギーが高まっていれば、それ以上の効果が期待できることと思います。

## カンガルーの袋

カンガルーがおなかの中に赤ちゃんを入れて育てることはよくご存じですよね？

赤ちゃんとお母さんの肌が直接触れ合うよう、お母さんの胸に赤ちゃんを包み込むように抱っこする。そんな保育法が世界的に広がっています。その名も**「カンガルー・ケア」**。

この方法が誕生したのは1979年、南米のコロンビア。未熟児（低出生体重児）の保育対策として始まりました。

病院で保育器が足りなくなったものの買う資金がなく、やむをえずお母さんのおっぱいの間に赤ちゃんをすっぽり入れて保温したのが始まりだそうです。すると応急措置のはずのこの方法によって、**低出生体重児の救命率が上がり、さらに親子の結びつきが深まる**という結果がでました。

その他にも赤ちゃんの眠りが深くなり、起きている時も穏やかになる。赤ちゃんの呼吸が規則的になり、安定する。感染症の危険が減少する。母乳保育が進む、などといった効果が挙げられています。これが**ユニセフを通じて、開発途上国ばかりでなく世界中に広まった**のです。

このカンガルー・ケアを取り入れている聖マリア病院母子総合医療センター・橋本武夫先生は「今は抱き癖がついて困る赤ちゃんより、抱き足らない赤ちゃんの方が多いのです。これらの赤ちゃんは泣かない、笑わない、視線があわないなどの情緒的な問題だけでなく、首がすわらない、お座りができないなどの発達的な遅れを心配して紹介されてくることも多いのです」と書かれ、さらに続けて「抱き足らない症候群」の母子関係に警鐘を鳴らしています。

「人間の赤ちゃんは、1歳までは自分で立って歩くこともできず、1年間は準胎児ともいえるのです。よって1歳までの育児はお腹の中にいる時と同じ状態でいいのです。

すなわち、

①しっかり抱いて

②語りかけて

③おっぱいをのませる

これが3原則なのです」と。

「この（生後）1年間の母親との信頼関係がすべての愛の出発点となり、また、大きくなって何かがあればいつでもそこに飛び込んで帰ってこられる、そんなその後の一生における心の故郷にもなっているのです」（橋本武夫先生「チャイルドヘルス」1999年6月号）と言っています。

考えてみれば、胎児はお母さんの子宮という完璧な安息所で、暖かさに守られ、抱かれ、育てられ、栄養を受けてきたわけです。そして出産という急激な変化を経て、外界へ追い出されたわけです。産まれてから暫く、カンガルーのようにお母さんに抱かれることで、子宮内と同じ感覚を思い出させ、安心させ、赤ちゃんの要求に応えることは自然なことでしょう。

ベストセラーとなった「タッチング――親子のふれあい」（平凡社）の中でアシュレー・モンタギュー博士は次のように書いています。

「幼児にはスキンシップがとても必要です。その欲求がかなえられなければ、他のどんな欲求がすべてかなえられたとしても、子供が成長してから常に苦しむことになるでしょう」と。触れ合いの重要性を唱えても唱えすぎることはありません。

しかし、仮にスキンシップ不足で一時期育ったとしても、その後の触れ合いで取り戻すことも可能です。(その分、時間はかかるかもしれませんが…) 丁度、私の長男が生後3ヶ月ほど、ほとんど親子の触れ合いをすることができなかったにもかかわらず、その後のスキンシップで十分カバーできた(と確信している)ように! (詳細は拙著「癒しの手」に記しています)

ところで余談ですが、スウェーデンの小児科グループが「誕生直後の新生児をおなかに乗せると、自分で乳首を探し、はい上がって吸い始める」と報告しています。それが自然であることを示すものの一つとして、へその緒の長さが着目されています。その長さはおよそ50センチ。へその緒をつけたまま抱くと、ちょうど乳房までの距離に相当するのだそうです。しかも新生児が自力で乳房にたどりつく「能力」は、誕生直後のわずかな時間しかないと言います。人間の自然なメカニズムに感動を覚えませんか? そしてそこに「触れ合い」がプログラムされているのは言うまでもありません。

## 『人生でいちばん大事なこと』

「人生でいちばん大事なことって何?」と中学1年生から質問されたら、あなたならどう答えるでしょうか?

ボー・バウマン君という13歳の少年が、ある日お母さんから、人生で大事なことはね、と綿々と説教を食らった。そこで口答えした。「ママ、それ、本にでも書いたら?」そうしたら、ぴしゃりと言い返された。「そんなもの、じぶんで書きなさい」

その言葉を真に受けたボー君、一念発起し、行動しました。

この質問をお友達にも政治家にも思想家、科学者、大学教授にまで手紙を出しました。その中にはホーキング博士、前ブッシュ大統領夫人、女優のシャーリー・マクレーン、ゴルファーのアーノルド・パーマー、プロレスラーのハルク・ホーガンなど数千通。その20%近く、数百人の成功した人たちを始め、あらゆる階層の人が答えを送ってくれました。毎日ポストに返事が戻ってくるのを見るのが本当に楽しかったそうです。それが何と一冊の本となり、アメリカでベストセラーとなりました。(「人生でいちばん大事なこと」三修社)

ではその答えのいくつかを拾ってみましょう。

幼稚園児「人を叩かない」「道路を横断する時は注意する」。

小学生5年生「パパとママを助けること」。

「オネスティ（正直さ)」という曲を歌っているビリー・ジョエルは、正直に答えます「それがわからない」。

市会議員「みんなの評判」。

陸軍軍曹「人生は甘くない」。

「ゲームの達人」等のサスペンス作家シドニー・シェルダン「用心。スリルとサスペンス、ちょっとした」。

南アフリカの人権活動家デズモンド・ツツ司教は「人間は、みな、VSP（重要人物）だ。みな、神に似せてつくられたのだから」。

ジョン・レノン夫人のヨーコ・オノ「人生は分かち合い」。

ある作曲家は「人生で大事でないものは一つとしてない」。

あるお医者さんは「たくさん笑う」。

ナイキの社長フィリップ・ナイトは「成功するためには、いつもこれが最後のチャンスだと思ってトライすること」。

刑事弁護士協会会長「家庭。そこからひとは生まれる。そしてやがていずれじぶんでそれを作ることになる。人生で一番大事なものだ」。

ある美術館の創立者は「すべては過ぎていく、残るは芸術のみ」。

女優のキャサリン・ヘップバーンは「つづける——なんであれ——いつでも」。

マザー・テレサ「人生の早い時期にわたしは一番大事なことを学んだ。神はわたしを愛してくれている。神がわたしを愛してくれるようにひとを愛そう」。

それ以外にも様々な答えが浮かんでくることでしょう。

「愛し、愛されること」「喜び、楽しみ、情熱のあることを行なうこと」「念を入れて生きる」「感謝すること」「三感四恩（p.158)」「高い志」「妻（夫・子供）だよ」等、100人100様の答えがあるでしょうし、年代、環境によっても変わってくるでしょう。その答えも大事ですが、問いかけをすること自体がとても大事だと思います。

ところで人間が生きていくために欠かせないものは「空氣」「水(飲み物)」「食物」だと言われますが、そこに**「愛と触れ合い」**を加える心理学者もいます。レイキを受講された方から**「触れ合い、分かち合い、いたわり合い、喜び合い、４つの『合い（愛)』をレイキで知りました」**というご感想を頂きました。「愛と触れ合い」を人生で大切なものとして加えたいと思います。

さてあなたならどう答えますか？　あなたのお子さん、お孫さんに…。そして静かに耳を傾ければ、あなたの心の中の少年・少女が今もきっと尋ねていますよ。「人生で一番大事なことは何？」って。

## たった5日あればできる大切なことをなぜ永遠にやろうとしないのですか？

レイキとは別のセミナーですが、私がかつて開いていたセミナーの中で「メイン・イベント」と「ラスト・レター」と呼ばれる実習を行なっていました。これは愛と触れ合いについての名著を出されているレオ・バスカリア博士の本等からヒントを得て行なっていたものです。

それは「①これから５日間があなたに残された最後の時間だとしたら、誰と過ごし、何をするか？　を書く」(メイン・イベント)

そして「②あなたの人生においてかけがえのない人５人に宛てて今日が別れの日だと思って手紙を書く」（ラスト・レター）という実習です。

①の「メイン・イベント」の答えは様々ですが、人生で優先順位がとても高いにもかかわらず、今まで先延ばしにしてきた大切なことが浮き彫りにされます。家族や親友と時間を過ごし、感謝する。家族のために○○するといったものが一般的です。そして②の「ラ

スト・レター」では「もう少しこうしてあげればよかった」「あんなこともしたかった」という詫びる言葉と共に、多くは心からの感謝の言葉が綴られる。あなたがいたから私の人生がどんなに充実したか、わからない、という言葉が一人一人に宛てて記されます。

その実習の後に言います。**「たった５日でできることをなぜ一生かけてもしないのですか？　最も大事なことなのに…」**

５人のかけがえのない人に５日のうちに何らかのアプローチをして、感謝を伝えることを私は宿題として出します。そして私もその都度、実践します。身近な人であればある程、あまりにも氣恥ずかしくて感謝を伝えたり、愛を伝えたりすることが特別なことがない限りできないものですね。でも勇氣づけをすることにより、思い切って実践してみると、「感謝を伝えて良かった」「相手が心より喜んでくれた」「人生でいちばん大切なものが心底わかった」などという感激の感想が寄せられてきます。

心では皆わかっていても言葉に出して表現してもらうと嬉しいものです。

振りかえってみるとこんなことはないでしょうか？　妻（夫）の大事な話に耳を傾ける時間や余力もないほど一生懸命働いてきた。なぜそこまでして働いてきたかというと、妻（夫）との楽しい時間を一生涯確保するためだった。そんな笑えない話があります。子供のために一生懸命働き過ぎて、子供と顔を合わせる時間がほとんど取れなかった。こんな話も誰かの話ではなく、実は私の話でもありました。

1985年の御《お》巣《す》鷹《たか》山の日航機墜落事故で、墜落直前に機中で書かれたビジネスマンの遺書は、家族に向けたものばかりでした。ほとんどがいわゆる仕事一辺倒と言われたビジネスマンが遺した手紙であったにもかかわらず…。

# あなたがしなかったこと

レオ・バスカリア博士は語ります。

『残念なことに、なんと大勢の人びとが、いかに多くのことをあしたのために投じてきていることだろう。

いまこのつぎの瞬間になにがおきるかはだれにもわからない。そして未来は永久に訪れてこないかもしれないのである。

ある少女が、１篇の詩を私にくれた。公開してもいいということなのでご紹介しよう。

ちょうどこの詩は、私たちがものごとをあしたにのばしているということ、特に、心から愛する人たちを大切にするのをのばしていることについて書かれている。

少女は、この詩に「あなたがしなかったこと」という題をつけてこんなことを書いている。

おぼえてる？　私があなたの新しい車をかりてへこませてしまった時のことを——

殺されちゃうかと思ったのに、あなたはそんなことはしなかった

おぼえてる？　私があなたを浜辺にひっぱっていった時のことを——

あなたは雨になるっていった

そしてやっぱり雨が降った。

「そうれみろ」っていわれちゃうかと思ったのに、あなたはそんなことはしなかった

おぼえてる？　やきもちをやいてもらいたくて、私が男の子たちと遊びまわった時のことを——

あなたはやっぱりやいてくれたわ

捨てられちゃうかと思ったのに、あなたはそんなことはしなか

った
　おぼえてる？　あなたの車のシートに私がイチゴのパイをひっくり返してしまった時のことを——
　ぶたれるかと思ったのに、あなたはそんなことはしなかった
　おぼえてる？　私がフォーマルなダンス・パーティーだってことを言い忘れて、あなたがジーンズで来てしまった時のことを——
　もう絶交されちゃうかと思ったのに、あなたはそんなことはしなかった
　あなたがしなかったことは、たくさんたくさんあった
　あなたは私のことを我慢し、私を愛し、私を守ってくれた
　お返しに、こんどは私があなたにたくさんのことをしてあげたい
　あなたがベトナムから帰ってきたら——
　でも、あなたは帰ってはこなかった』
（レオ・バスカリア「自分らしさを愛せますか」三笠書房）

人生は永遠に続くものと考えがちです。すると人生で一番大事なことであってもついつい後回しにしてしまいます。重要であっても緊急性がないと思っているものは、置き去りにされてしまいます。困ったことに多くの日本人は重要かどうかは別として緊急なことで頭がいっぱいです。たとえ余暇を家族と過ごしていても、頭の中は緊急なことに奪われている人もいます。それが死を意識することによって、今に生きることになり、あなたの人生がにわかに輝いてきます。
　かけがえのない人を失ってからその重要性・素晴らしさに初めて氣付くということがあるものです。目の前にいる間にその素晴らしさを味わい、讃えることがどうしてできないのでしょうか？　かく言う私も関係が悪化してからその人はかけがえのない人だったと初めて氣付くということが二度、三度ではすみませんでした。失って

からなら誰でもわかります。失う前に今、目の前にあるものの素晴らしさに氣が付いていればどんなに心が平安で幸せを感じ、良好な関係を築き、さらに発展させることができ、素晴らしいことでしょう。今、この瞬間に身近な人に手を差し延べましょう。ちょっとした勇氣さえあれば、手の届くところにその人はいるのですから…。

忙しく（心を亡くし）、慌ただしい（心が荒れる）毎日かもしれませんが、それこそが人生でいちばん大事なことかもしれません。

以上は人間関係だけではありません。今、手にしている幸せ、健康、仕事、家庭、平和などにも当てはまります。

和波豊一先生、三根伊真枝先生他、師範の先生方の寄せ書き（昭和40年）

# 足るを知る

「幸運な人は過去の自分の生涯から満足だけを記憶している。不幸な人はその反対を記憶している人だ」（萩原朔太郎）

「幸福＝満足/欲望

幸福になる秘訣は、より多くを求めることではなく、より少ないもので楽しめる能力を磨くことにある」（ダン・ミルマン）

三根冬子先生からお見せ頂いた昭和40年に書かれた靈氣の師範の先生方の寄せ書きがあります(前ページの写真参照)。その中にある臼井靈氣療法学会・五代目会長・和波豊一先生の書をご覧ください。真ん中の「口」という字を囲んでいる円の中の文字を右回りに読むと「吾」「唯」「足」「知」と読めます。つまり**「吾《われ》唯《ただ》足《た》るを知る」**です。これは京都の竜安寺の庭の手水鉢にも彫られています。「吾唯足るを知る」とは、既に身の回りに溢れているありがたい（有り難い）ことの数々を感謝の心を持って受け取れば、不自然な欲望が静まり、心も豊かになれるということでしょう（もちろん、私なども凡人ですので、欲はかなりあります。また欲や不満の種があったからこそ、自分の希望を叶えたり、向上することができた面も多々あります。中には個人の欲を超え、普遍的な大欲のために日夜生命を輝かせている方もいます。ですから欲をここで全面否定しているわけではありません。でも欲や不満が余りにも強過ぎるとバランスを欠き、振りまわされてしまって苦しくなることがあります)。

「意識は拡大レンズ」なので、**完全を認めれば、完全が拡大され、不完全を認めれば、不完全が拡大されます**。不足を認め、見つめ続ければ際限なく不足している部分がクローズアップされていきます。逆にどれだけ自分が恵まれているのか、意識を向けてみると実に多くの恩恵に恵まれてきたことに氣付きます。足が痛い時は足のことしか考えられません。でもよく考えれば、足以外の99.99%の細胞はあなたのために素晴らしい活動をしてくれています。その足を補って余りあるくらいに働いてくれていることを忘れてしまうことがあります。その痛む足でさえ、これ以上無理すると大変だよ、というメッセージを伝えるための素晴らしい信号を与える活動をしているのです。手が自由に動くことに感謝し、生かされていることに感謝していれば、いつの間にか足の痛みが消えていた、あるいは氣にならなくなった、少なくとも必要以上に苦しまなくてすんだということも度々起こってきます。仕事で失敗しても、人生の全てを失ったわけではありません。むしろ仕事で失敗することにより家族の絆が強まったり、数年後にはその経験が糧になり、素晴らしい成功と幸せを別の仕事で与えられたということが頻繁に生まれます。でもそこで失敗した面だけに必要以上に「拡大レンズ」を向けてしまい、落胆すると、そこにすら与えられている素晴らしい恩恵に氣付かず、いくらでもやり直せるチャンスを摑めないことがあります（あなたの人生を振りかえって後悔する必要はありません。今氣付いたとしたら、今が変化するのに最適なタイミングなのかもしれません）。

レイキで学んだことですが、足るを知る、という点で、それはあなたが生きている、生かされていることを喜ぶこともその一つです。つまりあなたの心臓が今日も元氣に動いていることに、そして赤い血が全身に流れていることに、夜眠っている間も呼吸が自然にできていることに。これだけでも奇跡と言えるでしょう。

生き甲斐論の研究で注目されている福島大学経済学部助教授・飯田史彦先生のご研究等で明らかにされつつありますが、どうやら人間は今のあなたの両親を、そして兄弟、性別、環境、国籍、時代を全て自らの意志で選んで生まれてきたようです。さらには肉体的特徴、遭遇する人生上の主要な出来事まで…。

個人的な差異は大いにあるかもしれませんが、それでも物質面、経済面、教育面、治安面といった３次元的な意味でこの日本に、しかもワクワクするような時代（全く逆に思われる方もいるかもしれませんが）を選んで生まれてこられたのは、とっても恵まれていると思いませんか。しかし、実は３次元的な意味を超えた精神的、霊的、魂的にも、あなたはあなたにとって最高の環境を、最適な出来事を選んで生まれて来ているのです。

レイキ・ヒーリング・システム顧問の髙橋先生がレイキ受講生にお奨めしている**鈴木秀子先生の「神は人をどこへ導くか」(三笠文庫)という名著があります。その中で結論として、神はあなたをどこへ導くのか？　という問いに「今、あなたのいるところに導いている」**とスピリチュアルな視点から答えています。

そうなのです、この時代、この日本に、そしてあなたの今の環境で、あなたの周囲の人々に囲まれて生きている（生かされている）のは本当にありがたいことですね。

ところで**一人の人が一年、生活していくのにはどれだけの人にお世話になっていると思いますか？**

**答えはなんと「200万人」。単純計算で、１日延べ5,500人、一生80年で延べ１億6,000万人。**

考えてみると自分一人でやっている（生きている）ように見えて、実は多くの人々に支えられて生かされているのがわかります。今日、食卓に載っているもの一つとっても多くの人の手と願いを経て、運ばれてきています。そう考えると、ありがたいことですね。自分一人では手に入れ難いものを誰かのお蔭で得られているのですね。一人では体験できないことを誰かの協力、援助があって初めて体験できているのですね。

天国の「天」は分解すると「二」「人」となり、思いやり、いつくしみをあらわした「仁」は「人」（にんべん）と「二」が合わさった文字です。また「友」という字はもともとは「二」つの「手」が合わさった、握手する仲の良い友達を表していた象形文字です。どんな人でも、人に支えられ、宇宙の恵みで、生かされていることを表しているように思います。

# 世界一の名医と製薬会社を知ってますか？

「そこにいる」

その昔
創造と奇跡を司る神と
慈悲と悟りを司る仏は
実際に肉体を持ち
人々と共に暮らしていた。

人々ははじめ
自分ではどうしようもできない
そんな問題が起きた時にだけ
神や仏に救いを求めた。

しかし時がたつにつれてだんだんと
人々は自分で解決するということを忘れ
ちょっとしたこと何でもかんでも
神に求め仏にすがるようになってしまった。

神と仏はこれではいけないと考え
ひとまずどこかへ隠れることにした。
あれこれ相談した結果、人間に聞かれないよう
ひそひそ声でこう言った。

「よし、うんと小さくなって
人の心の中に隠れよう…」

服部順空（「円龍寺通信」）

誰の心の中にも、神様や仏様が隠されているという素敵なお話です。

しかし、これは単なる寓話ではありません。私たち人間は奇跡を創造する力と慈悲深く素晴らしい叡智に溢れた存在ではないでしょうか。**このことを自覚し、信頼できる程度に素晴らしい人生を創り出し、また、信頼できない程度に制限された人生を創り出しているのでしょう。**

この視点を癒しや健康面に向けると、私たちの中には自然治癒力という世界一の名医（仏）と製薬会社（神）が内在しているとも言えるでしょう。その自然治癒力を呼び覚まし、働くことに協力することがとても大切です。20世紀最高の超人と言われるエドガー・ケイシーは「あなた自身の中に、体を癒すすべてのものが存在する。このことを悟りなさい」と言っています。

また自己治癒能力の素晴らしさに目を向けさせることに大きく貢献したノーマン・カズンズという有名なジャーナリストはシュバイツアー博士の「体内のあなたの受け持ち医をもっとはたらかせなさい！」という言葉に勇氣づけられ、膠原病を笑うこと等で克服しました。内なる自然治癒力（神様と仏様）を信頼し、レイキやあなたが有効だと思う手法を実践してまいりましょう。

## みんなで満点を取る時代

誰の心の中にも、神様や仏様が隠されているというのは単に健康や癒しだけの話ではありません。今の時代も映しているように思います。

歴史を見ると偉大な指導者が現れ、人々を導いていく時代がありました。多くの人が偉大な指導者に自分の人生を託し、自分の力を預けました。しかし、偉大な指導者は皆口を揃えて言っています、**「あなたの中にも私と同じく素晴らしい力がある。私はそれに氣付いてもらうためにあなたの目の前に鏡として現れた」「私がしたよう**

**に見えることは偉大な設計者が私を通じてなしたのであって、肉体の私がなしたのではない。そして私を通じて与えられた力はあなたを通して現すこともできる」**と。

偉大な指導者とは全く違う才能かもしれませんが、あなたにはあなたらしい魅力が…。あなたを通じて魅力的なことがなされるのを待っています。

誰かに依存して自分のパワーを失ってしまい、神様任せにするために神様や偉大な指導者は現れるのではありません。**「みんなちがって、みんないい」**（金子みすず）**「皆違って、丁度いい」**と言います。誰もがマザー・テレサやダライ・ラマ法王になる必要はありません。また誰もがそのような聖人君子になることを要請されているわけではないでしょう。あなたがその持ち場で、試行錯誤しながらも与えられた才能を発揮（輝きを発する）することが、最も尊いことでしょう。そして一人で満点を取ることを競うのではなく、皆で協力し、補完し合って満点を取る時代が来ています（その方が簡単ですし、喜びを分かち合え、楽しいですね）。

レイキ・アライアンスを率い、海外ではレイキの４代目のグランド・マスターと称されるフィリス・フルモト女史が来日された時にある人がこんな質問をしました。「今までレイキを実践されてきて、最大の奇跡はどんなことですか？」と。答えは「誰もが生まれながらに魂の中に埋め込んできた素晴らしい種があると思います。最大の奇蹟はその素晴らしい種がレイキによって花開くのを目撃することです。私でしたらフィリス・フルモトの、あなただったらあなたという種を魂の中に埋め込んできました。それがレイキによって花開くのが最大の奇蹟です」と。

**私たち一人一人は元々光の存在です。**光の存在という意味では同一ですが、どんな風に人生を輝かせるか、光をどの分野でどのように放つかはあなたの自由意志に任されています。レイキはあなたがさらに輝きを増すことに自然に働きかけてくれます。

臼井甕男先生は幾多の奇蹟を多くの人たちの前で示されました。

しかし、教祖やカリスマとして他の人々との違いをことさらに示すようなことはなさろうとされませんでした。それどころか臼井靈氣療法学会の会員を六等（入門したばかりの会員）から一等に分け、ご自身を二等に位置付けられ(一等を空位とされ)、自分を超える人物の出現を望んでおられました。その精神が受け継がれ、「代々の会長は、常に本会々員の中で、臼井先生や、現存師範の人よりすぐれた霊能者の出現を望んでおられ、霊的向上に無限の修練を励げむように訓示されています」と「霊気療法のしおり」にあります。そして「私にできたことは皆にもできる」ということで、関東大震災の経験を経て、アチューンメント（霊授）を肇《はじ》められました。

そのレイキが世界で広がっている、ここにも皆で満点を取っていく時代の流れを感じますね。

# 水と波動の最新情報

人は「ありがとう」と感謝されると思わずにっこりと嬉しい表情になりますね。感動すると全く別人の恵比寿様やマリア様のような表情になったりします。一方「ばかやろう」と怒鳴りつけられると、顔が曇ったり、怒りが表情に現れたりします。人から受ける言葉や情報に反応し、表情が変わり、心も変化するのが人間です。こんなことは人間や一部の動物だけかと思っていたら、実は、水にも表情があるのを国際波動友の会会長・江本勝先生が発見されました。江本先生は雪の結晶に一つとして同じものがないことから、水も結晶が一つ一つ違うのではないかと思いつき、水を凍らせてその結晶を200〜500倍に拡大して撮影されました。

**基本の精製水（それを氷結させた結晶写真が写真１）の一方に「ありがとう」、もう一方には「ばかやろう」という文字をワープロで打**

写真1

写真 2

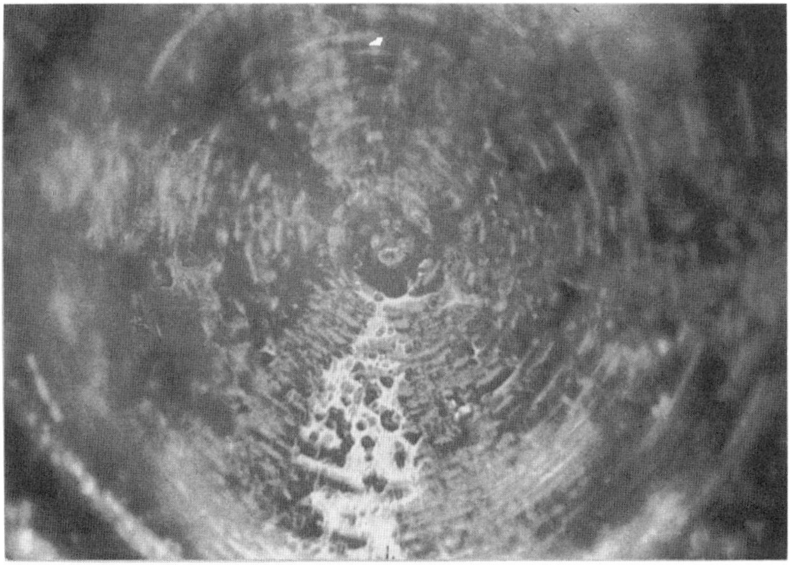

写真 3

**った紙を貼りつけて、一晩放置します。これを凍らせて写真撮影すると何ともう一目瞭然。明らかに結晶写真に違いが現れました。**「ありがとう」と書かれた氷結結晶写真（写真２）はとても美しい均整のとれた形となりました。それに対して「ばかやろう」と書かれた水は氷結結晶（写真３）が乱れているのがよくわかると思います。水を見せるだけでなく、愛や感謝の思いや言葉をかけても同様に美しい結晶写真ができあがりました。１万枚以上の結晶写真をご覧になられた経験から、江本先生は結晶構造が「普通に眺めて美しいと感じるかどうかが判断の基準です」と書かれています。

ところで、**人間の肉体は血液、リンパ液等、70%が水分でできているのをご存じですか？　実は、人に「ありがとう」と言ったり、感謝の思いを伝えると影響を受けるのは目の前の人だけではありません。70%が水分でできている自分自身の身体も大いに影響を受けるのです。**身体の中を流れる血液やリンパ液等で構成されている肉体が変化するのです。同様に人に「ばかやろう」と言って一番被害を受けるのは、氣分が悪くなるのは、相手よりもしかしたら70%が水分でできている自分自身かもしれないのです。このことを知りますと言葉一つ、思い一つもおろそかにできないことがわかります。

しかも血液は１分間で全身をほぼ１周します。「ありがとう」と感謝した後の穏やかで元氣な血液が全身を１周するのと、「ばかやろう」と怒鳴られ、恐怖と怒りに溢れた血液が心臓から出て１周するのでは大きな違いが出てくるのは想像に難くありません。

そして目を人間から地球に拡げると、**地球も70%が海や川に囲まれた水の惑星です。私たち一人一人の意識が変わり、その輪が広がれば、地球すらも変えることが可能だと思います。**この事実を知っている人が増えていくことは地球に変化を起こすきっかけとなるように感じます。嬉しいことに江本先生のご研究は日本でだけではなく、今海外でも注目されつつあります。

さらに詳しくお知りになりたい方は是非水の結晶写真集「水からの伝言」（IHM総合研究所・一般書店ではお求めになりにくい書籍で

す。ヴォルテックスでも取り扱い中）をご覧になって下さい。水の神秘、ひいては宇宙・人間の神秘を垣間見ることができることでしょう。そこには氣を送ることによって水がきれいな結晶をつくる映像が掲載されています。

レイキ実践者にとりましてマントラ（真言）やシンボルの力については周知の事実ですが、改めて江本先生のご研究を目にされると、マントラやシンボルを活用することが一層楽しくなりますね。

レイキを学んでいない方も周りの方にこの写真をお見せになられ、「ありがとう」を唱えてから飲食物を摂ることを勧められたらいかがでしょうか？　「ありがとう」を唱え続けることで奇蹟を起こしている方々が私たちの周りで激増しています。

## ありがたいな〜、ありがとう

ギリシャの哲学者プラトンはいつも「ありがたい、ありがたい、ありがたい」と３回唱えるのが口癖だったそうです。それはプラトンが心底ありがたいと思っていることが３つあったからだそうです。「一つは、人間に生まれたこと、もしかしたら牛や馬のような動物か、あるいは魚や昆虫に生まれていたかもしれないのに、神様のおぼし召しでよりによって人間としての生を与えて頂き、こんなありがたいことはない。次は、このすばらしいギリシャの国に生まれて自由を得たこと、もう一つは、偉大な師であるソクラテスに巡り合えたこと、この３つはいくら感謝してもしつくせないほどありがたいことだと思っている。だから、思わず口から出てしまうのだ」（「７つの幸運」同文書院）と。

このエキサイティングな時代、この水と緑の惑星・地球に、しかも日本に生まれ、先人の遺された知恵を活用できる私たちに、そのまま当てはまることだと思います。特にレイキを実践されている方々にとっては臼井先生が遺され、諸先生方に継承されて今、レイキがもたらされたことに宇宙の意志を感じ、感謝の氣持ちが自然に込み上げてくるのは私だけではないでしょう。
そんな素晴らしいチャンスを与えてくれた両親に、喜びを分かち合える家族や友人に…。感謝の輪は際限無く広がって行きますね。
「ありがたい、ありがたい、ありがたい」
「ありがとう、ありがとう、ありがとう」

## 日本人にこそ求められている触れ合い

レイキがこれから日本でも加速度的に広がって行くことを私たちは確信しています。それはレイキが優れたテクニックだからということは大前提ですが、欧米を後追いするから、とか日本発祥のテクニックだからということだけではありません。日本人に特に今、「触れ合い」が求められているからです。
アドラー心理学の普及に努めているヒューマン・ギルドの岩井俊憲先生からお教え頂いたのですが、こんな統計があるそうです。

「東洋大学の中里教授（社会心理学）の研究グループが、青少年の考え方や行動を調べるため、日本、米国、中国、韓国、トルコ、ポーランド、キプロスの７カ国の中高生約6000人に行ったアンケート調査では、思いやり意識の高さについて７カ国中最下位で、また、親子間の心理的距離もまた７カ国の中で最も遠いことが明らかになっています。
ちなみに、1993年の調査では、父親・母親それぞれに心理的距離が近い、と回答したのは、13%、25%、日本に限りなく近いとされる韓国でもそれぞれ47%と54%、他の国では70%を超えています。もっと驚きなのは、1998年に行った調査では、日本でそれぞれ10%、22%に落ちています。（中略）
問題なのは子どもたちばかりではありません。1998年の全国の自殺者数は、３万2863人（警察庁「自殺概要」、厚生省の「人口動態調査」では３万1734人）で、過去最高、対前年比35%増でした。過去に遡って私が調べたところでは、1990年から1996年まではおおまかに毎年２万人で、1997年から急増しています。1999年の交通事故死が9000人と発表されていますから、交通事故で亡くなる人の3.6倍にもなるのです」

上記を踏まえて、岩井先生は「私は現代の若者をめぐる心理的な傾向として『勇気』と『つながり感覚（共同体感覚）』の二つの欠如を指摘できるのではないかと思っています」（岩井俊憲「ヒューマン・ギルド」会報より）と書かれています。

このようなデータを目にすると悲観的になりがちですが、振り子は一方に大きく振れれば、次は反対側に大きく振れて戻ることになります。このような「勇気」と「つながり感覚」の欠如が必ずその重要性を氣づかせる方向へと引き戻してくれることでしょう。

## 「一家に一人　レイキ・ヒーラーを！」

私たちは**「一家に一人　レイキ・ヒーラーを！」**ということでレイキを分かち合っています。少し力んだ標語のように聞こえるかも知れませんが、レイキやふれあいを大切にしたいと思う方々に、楽しみながらお伝えしたいと思っています。レイキに限らずヒーリングや心のケアに関心があり、家族の肉体的な疲労や不調、精神的な枯渇や孤独感を癒し、「つながり感覚」を取り戻すための手段をあなたがお持ちになったら、万が一、家族が試練に直面しても乗り越えることが容易になることと思います。そして大切な周りの人々にとっても…。そればかりかそのような輪が少しでも広がれば、やがては社会の平和、人類の調和へと繋がるかも知れません。そうなったら、とても楽しいですね。

# どうかあなたとご家族の皆様に…

昨日よりなお、一層

健康で楽しい生活を送るための「元氣」と
心穏やかにいられる十分な「やすらぎ」と
人間性あふれる「やさしさ」と
ちょっとしたことにも感動できる「豊かな感性」と
人の痛みがわかる「思いやり」と
熱意を持ち続ける「パワー」と
喜びを分かち合いながら道を共に歩む「友」と
必要なものを満たしてくれる「富」と「時間的ゆとり」
前向きに生きるための「情熱」と
悩みや憂鬱を払いのける「信念」と「希望」
今日を明日よりも楽しむ「決意」と
ツキを呼び込む「運氣」と「人氣」
与えられた宿命を受け入れる「謙虚さ」と
運命を開き、挑戦を楽しむ「勇氣」と
すべてにありがとうと自然に思える「感謝の心」が

どうかあなたとご家族の皆様に、なお一層もたらされますように…

心よりお祈り申し上げます。

# 終わりに

レイキの可能性と素晴らしさをここまでお伝えしてきました。しかし同時に、レイキが開く人間の素晴らしさと可能性の大きさ、そして人生の素晴らしさ、さらにレイキをはじめ、様々な恩恵をもたらしてくれた宇宙の素晴らしさに目を向けて頂けたとしたら本望です。それに氣づかせてくれる強力な道具（道を照らす用具）の一つがレイキです。文章の拙さから、十分に表現の及ばない点を皆様の慧眼で補って頂ければ幸いです。

私自身、レイキに出会って23年、幾多の奇蹟を目の当たりにしてきました。でも奇蹟ということでは「今、ここでこうして何事もなく、幸せに生かされている」ことこそが最大の奇蹟ではないかと思います。その人生をさらに楽しく彩ってくれる宇宙エネルギー活用法がレイキだと思います。

レイキはお蔭様で多くの雑誌等にも取り上げられ、またいくつもの団体でも取り入れて頂けるようになりました。その関係で年々その輪が広がりつつあります。

一人でも多くの人に癒しの素晴らしさ、触れ合いの深い喜びをこれからもお伝えしていきたいと思っております。

今回、ご縁があって本書を手にされ、あなたが何かを感じとって頂けたとしたらとても嬉しく思います。そしてこの本を通じて拙いながらもあなたに私たちの願いをお届けできたことを嬉しく思います。最後までお読み頂きまことにありがとうございます。

またいつかどこかであなたと出会えることを楽しみにしております。

最後に無理な注文を聞いて頂いた上、出版にご尽力頂きましたたま出版の韮澤潤一郎社長、並びに中西廣侑常務理事、そして編集の労をお取り頂いた高橋清貴氏に感謝申し上げます。

　そしてレイキと出会うきっかけを創って下さりレイキの日本での発展にご尽力頂いているレイキ・ヒーリング・システム顧問の髙橋邦夫先生に特に感謝致します。前著「癒しの手」も含めて本書は高橋先生のご協力とレイキでのご指導と実績なしには出来上がらなかったことでしょう。次に各地区で熱心にご指導に当たり、ご協力頂いております先生方にも心より感謝申し上げます。

　また、レイキについて貴重な体験をご指導頂きましたフランク・ペッター氏、小林真美さん、リン・ペレツ女史、フィリス・フルモト女史、フラン・ブラウン女史、S先生、小川二三男先生、そして交流頂きました多くの先生方とレイキ受講生に感謝致します。

　さらに貴重な資料や情報をご提供頂きました皆様に心より感謝申し上げます。特に三根冬子先生に、そして、志水一夫様、仲居憲治様、藤村様、土居裕様、山口千代子様、足助照子様、田村宏様、隅田清子様他、紙面に書ききれないほど多くの方々にご協力を頂きました。

　皆様のご指導とご協力によりこの本が出来上がりました。

　最後に忘れてはならないのが、レイキ・ヒーリング・システム／ヴォルテックスを支え、癒しと感動と喜びを多くの人々と分かち合うため日夜エネルギーを注いでくれている国際レイキ普及協会理事長・廣野慎一さん、運営理事・岡孝史さん、ならびにスタッフのみなさんに心より感謝申し上げます。そしていつも支え続けてくれている両親と妻に…。

望月　俊孝

平成28年10月14日

## ［実際にレイキもしくはヒーリングを学びたい方へ］

本書に関するお問い合わせは下記宛、E-mail・電話・FAX・文書、あるいは本書差し込みの返信用ハガキで「超カンタン・癒しの手」を読んだ旨、お伝え頂いた上で、資料請求をどうぞ。今なら本書発刊を記念して**「誰でもできる癒しの手［レイキ読本］」（Ｂ６版78ページ・望月俊孝・廣野慎一著）を無料プレゼント**致します。紙面の都合で割愛した部分を補足するためにも役立つことでしょう。また東京・大阪・福岡・名古屋等で定期開催しているレイキのセミナー案内並びにその他の関連資料をお送り致します。

さらに異なる角度からレイキを学びたい方は機会があれば拙著「癒しの手――宇宙エネルギー“レイキ”活用法」（たま出版）を併せてお読み下さい。

なお、レイキ実践者で、レイキについての効果例、利用例、また他のテクニックとの併用例等があれば是非ご連絡頂きたくお願い致します。

◎レイキ・ヒーリング・システム　本部
〒108-0074　東京都港区高輪3-11-5
IEIイマス高輪ビル４Ｆ
ヴォルテックス内
TEL. 03-5447-5741　FAX. 03-5447-5740
http://www.reiki.ne.jp/　（レイキ・ヒーリング・システム）
http://ireikisociety.org/　（国際レイキ普及協会）
http://www.takaramap.com/　（宝地図公式サイト）
E-mail: reiki@reiki.ne.jp
（インターネットでは「ヴォルテックス　レイキ」もしくは「レイキ望月俊孝」でご検索ください）

# 主な参考文献

＊五十音順。本文中に記したもの・絶版書は除きます。

「アドラー心理学によるカウンセリングマインドの育て方」岩井俊憲著（コスモス・ライブラリー）
「天間地遊人エッセイ集『遊』天《あ》間《ま》地《ち》遊《ゆう》人《と》著（ヴォルテックス※　0422－40－6270）
「生きがいの創造」「生きがいの本質」飯田史彦著（PHP研究所）ほか一連の著書
「生きる力」信楽香雲著（くらま山叢書※　075－741－2003）
「癒しの現代霊気法」土居裕著（元就出版社）
「癒しの手」望月俊孝著（たま出版）
「円龍寺通信」服部順空編（円龍寺※　群馬県勢多郡富士見村原之郷519）
「神は人をどこへ導くか」鈴木秀子著（三笠書房）
「こころの宝島」小林正観著（弘園社※　053－471－0114）ほか一連の著書
「詩集　二度とない人生だから」坂村眞民著（サンマーク出版）ほか一連の著書
「七田式右脳全開催眠法」七田眞著（文芸社）
「商売繁盛の人間学」大塚徹著（現代書林）
「図説バイデジタルO-リングテストの実習」大村恵昭著（医道の日本社）
「胎教」伊藤真愚著（柏樹社）
「超カンタン神社ヒーリング」山田雅晴著（たま出版）
「ナイトサイエンス教室①」村上和雄著（徳間書店）
「７つの幸運」百瀬昭次著（同文書院）
「水からの伝言」江本勝著（IHM※　03－3866－3713）
「豊かさって、なんですか？」ジョン・ロジャー他著（VOICE）
「レイキ完全本」ブリギッテ・ミュラー著（BABジャパン）
「レイキとは何か」ボド・J・バギンスキー著（BABジャパン）
「霊気と仁術・冨田流手あて療法」冨田魁二著（BABジャパン）

「レイキを活かす」タンマヤ・ホナヴォグト著（産調出版）

「REIKI　FIRE」Frank　Arjava　Petter（LOTUS　PRESS）他、レイキ英語文献

参考にさせて頂きました先生方に心よりお礼申し上げます。
※印は、一般書店には流通しておりません。直接、出版元にお問合せ下さい。

## ◎著者（原作者）プロフィール

# 望月俊孝（もちづき　としたか）

昭和32年・山梨県生まれ。上智大学卒。
自動車販売会社、セミナー会社に勤務の後、独立するも大失敗し、再就職。
多額の借金を抱え、全身アトピー、長男誕生の直後に突然、リストラに遭う。
そこから、レイキ（健康法）、宝地図（夢実現法）、エネルギー・マスター（セルフ・イメージ改善法）を活用し、どん底から短期間でV字回復。現在、宝地図、レイキ、エネルギー・マスター、フォトリーディング(R)を主体とする人材教育に関わり、20年で23万人以上を直接指導。
ヴォルテックス代表
世界に広がる『レイキ』、夢実現を加速するツール『宝地図』、セルフ・イメージを90分で書き換える『エネルギー・マスター』提唱者
国際レイキ普及協会　会長
日本ライフセラピスト財団　理事
著書
10万部を超えるベストセラー
「幸せな宝地図であなたの夢がかなう」（ゴマブックス）「癒しの手」（たま出版）をはじめ、
「超カンタン癒しの手」（たま出版）「レイキとREIKI」（BABジャパン）
「9割夢がかなう『宝地図の秘密』」「幸せの法則」「100％夢をかなえる人の習慣」（KADOKAWA中経出版）「眺めれば運命好転！『お金と幸せの宝地図』」「飾るだけで夢が叶う『魔法の宝地図』」（マキノ出版）「夢をかなえる習慣力」（実業之日本社）「親と子の夢をかなえる宝地図」（プレジデント社）「ワクワクしながら夢を叶える宝地図活用術」（ゴマブックス）「幸せブーメランの法則」「21万人が実践した！ 1分でできる！癒しと希望の習慣」（大和書房）「メンターのチカラ」（サンクチュアリ出版　ブライアン・トレーシー、ジム・ローン氏らと共著）「シンデレラ・マップ」（シンコーミュージック　桂由美さんと共著）「ようこそ、成功指定席へ」（サンマーク出版）「［図解］夢を引き寄せる宝地図」（三笠書房）
監修書に「レイキ完全本」「レイキとは何か」「霊気と仁術・富田流手当療法」（BABジャパン）「手のひら療治」「手当療法」（ヴォルテックス刊）
など、累計は73万部を突破。６ヶ国語で翻訳出版。
全国のTSUTAYAでもDVD・CDがレンタル中
URL： http://www.reiki.ne.jp/（レイキ・ヒーリングシステム）
　　　http://www.takaramap.com/（宝地図公式サイト）

## ◎漫画家プロフィール

# 金子美由起（かねこ　みゆき）

昭和39年11月21日東京都生まれ。
昭和60年、横浜美術短期大学卒業。
ヘンリー・リード氏（エドガー・ケイシー研究の第一人者）原作の漫画作品製作他。
現在・横浜市在住。連絡先 ＝ miyukim@d2.dion.ne.jp

# 超カンタン・癒しの手

初版第１刷発行　2001年９月20日
初版第13刷発行　2020年10月１日

著　　者　望　月　俊　孝
発 行 者　韮　澤　潤一郎
発 行 所　株式会社たま出版
〒160-0004　東京都新宿区四谷4-28-20
電話　03-5369-3051（代表）
http://tamabook.com
振　替　00130-5-94804
印 刷 所　神谷印刷株式会社

乱丁・落丁本はお取り替えします。

ISBN978-4-8127-0143-0 C0079